高速公路现浇混凝土桥梁承重构件常见病害及成因调查重点

丁晓岩 卜德江 张文武 郭保林 著

中国建材工业出版社

北京

图书在版编目（CIP）数据

高速公路现浇混凝土桥梁承重构件常见病害及成因调查重点 / 丁晓岩等著. -- 北京：中国建材工业出版社，2024.1
　　ISBN 978-7-5160-4006-5

Ⅰ.①高… Ⅱ.①丁… Ⅲ.①高速公路－钢筋混凝土桥－承重结构－病害－成因－调查－手册 Ⅳ.
①U448.33-62

中国国家版本馆CIP数据核字（2023）第246722号

内 容 简 介

工程一旦出现病害，就需要进行调查研究，为诊断和处理提供依据。本书重点介绍高速公路现浇混凝土桥梁承重构件的典型病害，综合考虑混凝土和钢筋的材料性质、性能劣化规律、病害特征、模板材质及刚度、施工工艺特点、工人作业习惯、常用修复方法等，梳理出需要调查的重点内容，为快速、准确地判定病害产生原因、评估结构状况以及制定维护策略提供借鉴。

本书可供从事桥梁建设管理、结构设计、施工控制、工程检测、运营维护领域的技术人员使用，也可供大专院校桥梁工程专业师生参考。

高速公路现浇混凝土桥梁承重构件常见病害及成因调查重点
GAOSU GONGLU XIANJIAO HUNNINGTU QIAOLIANG CHENGZHONG
GOUJIAN CHANGJIAN BINGHAI JI CHENGYIN DIAOCHA ZHONGDIAN

丁晓岩　卜德江　张文武　郭保林　著

出版发行：中国建材工业出版社
地　　址：北京市海淀区三里河路11号
邮　　编：100831
经　　销：全国各地新华书店
印　　刷：北京天恒嘉业印刷有限公司
开　　本：787mm×1092mm　1/16
印　　张：9.25
字　　数：200千字
版　　次：2024年1月第1版
印　　次：2024年1月第1次
定　　价：101.00元

本社网址：www.jccbs.com，微信公众号：zgjcgycbs
请选用正版图书，采购、销售盗版图书属违法行为
版权专有，盗版必究。本社法律顾问：北京天驰君泰律师事务所，张杰律师
举报信箱：zhangjie@tiantailaw.com　　举报电话：(010) 57811389
本书如有印装质量问题，由我社市场营销部负责调换，联系电话：(010) 57811387

作者简介
Author Introduction

丁晓岩：工程技术应用研究员，山东高速集团养护管理部部长；主要从事高速公路建设、智能运维与养护决策工作；主持省交通科技创新项目 20 余项，承担省部试点项目 3 项、国家科技重点计划 1 项；获得省部级科技进步奖励 2 项；参编行业及地方标准 4 项，发表论文 20 余篇。

卜德江：工程技术应用研究员，山东高速集团养护管理部副部长；主要从事高速公路养护施工管理、养护数字化建设、高速公路检测管理工作；获得省部级科技奖励 3 项，发表论文 20 余篇。

张文武：高级工程师，山东高速集团养护管理部副部长；主要负责山东、湖南、湖北等 6 个省份累计 8000 余公里高速公路的养护管理工作；获得"山东省公路综合整治先进个人"及"山东省公路优秀工程师"等荣誉称号，省部级科技奖励 10 余项；国家专利授权 20 余项；主编地方标准 2 项，发表论文 30 余篇。

郭保林：工程技术应用研究员，山东省交通科学研究院桥隧研究室主任；参与国内 20 余个省份的四百余项桥梁、隧道、地铁、管廊、房建及核电站等工程项目的混凝土施工缺陷和运营期病害的分析及处置工作；获得"全国交通建设工匠""全国公路优秀科技工作者""山东交通大工匠""山东优秀发明人""山东省先进工作者"等荣誉称号；获得省部级科技奖励 8 项，国家发明专利授权 40 余项；参编国家标准、行业标准、团体标准 12 部，发表论文 30 余篇。

Foreword 序 言

一些工程调查显示，高速公路桥梁中许多现浇混凝土结构物，在服役期间出现了较为严重或普遍的病害；分析认为绝大多数病害是因为设计不够细致、施工不够规范和维护不够合理的某一方面或多个方面的组合造成的，其中施工缺陷是绝大部分病害产生的主要原因，设计不细致和维护不合理是病害长期存在的重要原因，荷载和环境的持续作用是病害发展的主要驱动力。

对于既有桥梁结构，病害产生原因和发展趋势的分析是养护工作的基本前提，只有对病害进行全面调查才有可能做出准确的诊断，对其危害进行合理的评估，结合使用功能要求采取有效、长效的维护，才能保障桥梁工程的安全与耐久。高速公路现浇混凝土桥梁的承重构件主要包括箱梁、空心板梁、盖梁、墩柱、承台和桩基，每一类构件的典型病害形式和产生原因都非常复杂。著者曾在《装配式混凝土梁典型病害特征、成因及危害》一书中，列出了对装配式混凝土梁典型病害的一些理解，但这些对现浇混凝土结构物病害的分析又远远不够。

随着研究工作的不断深入，越发觉得穷举桥梁病害形式和分析病害产生原因都是很困难的，尤其是现浇混凝土结构，因为每一个现浇构件都涉及混凝土原材料、拌和物以及浇筑、布料、振捣、养生、拆模、使用、维护以及环境因素对构件的作用等，每个环节的不当操作以及与其他环节不当操作的结合都可能产生相同、相似、有差异甚至完全不同的病害表现。基于此，急需建立一套桥梁病害分析的技术体系，而认识病害是这项工作的首要任务，决定着其他工作的方向；实体调查，设计资料、施工资料、气候资料及施工期天气资料的收集、分析与逻辑推理是溯源病害发生和发展历程的重要工作。

本书以现浇混凝土桥梁承重构件的病害为信息载体，尝试从混凝土原材料性质、混凝土性能劣化范式、病害表现特征、模板材质及刚度、施工工艺特点、工人作业习惯、常用修复方法等方面，结合数以千计的桥梁病害案例分析过程，梳理出常见病害原因分析时需要调查的内容。希望给读者提供一种在调查中逐渐抵近真相的可能，欢迎读者朋友们来信交流探讨（邮箱：gbl-jn@163.com）。

2023 年 11 月

Preface 前言

  2000年以前修建的高速公路桥梁中,现浇混凝土结构非常多,几乎所有的承重构件如桩基、承台、墩柱、盖梁、变截面箱梁和变截面空心板梁和相当比例的等截面箱梁都采用了现浇混凝土工艺。一些现浇混凝土结构在服役过程中出现了混凝土开裂、脱落、剥落,钢筋锈蚀甚至钢绞线锈蚀等病害,影响着桥梁结构的适用性、耐久性甚至安全性。有些桥梁在使用几年后就需要维修加固,有的桥梁在多次加固后不得不限载甚至拆除重建,在一定程度上影响了桥梁的服务水平。

  调查分析认为,施工质量缺陷是绝大部分病害产生的主要原因,设计不细致和维护不合理是病害长期存在的重要原因,荷载和环境作用是病害发展的主要驱动力。影响现浇混凝土结构施工质量和使用状况的因素非常多,如混凝土拌和物质量及其经时变化,混凝土浇筑工艺及连续作业时间,混凝土工作性及与振捣制度是否匹配,钢筋间距及保护层最小厚度,钢筋、模板及支撑在浇筑期间的变形和位移,浇筑期间及养护初期的环境作用,融雪剂、盐渍土、冻融循环和干湿循环等环境作用的持续时间等。上述多种因素的组合以及起主导作用的顺序不同等又会使得病害表现形式多样化和成因分析复杂化。本书从病害的表现形式入手,给出需要重点调查的内容,试图建立一套桥梁病害分析的技术体系,提高病害分析的准确性和工作效率,为桥梁状况评估,维修加固设计与施工提供参考。

  本书提及的病害案例均来自笔者现场调查或参与分析的山东、河北、河南、云南、四川、辽宁、山西、甘肃、内蒙古等地的公路桥梁,且以高速公路桥梁为主。本书的出版得到了山东高速集团有限公司和山东省交通科学研究院的资助,病害案例的收集得到了山东高速集团有限公司养护管理部、山东省桥隧工程维养技术及新材料行业研发中心、山东省在役桥梁性能评估及提升行业重点实验室、山东高速工程检测有限公司、中交第一公路勘察设计研究院有限公司、中交基础设施养护集团有限公司、甘肃省公路工程质量试验检测中心有限公司的大力协助。书稿获得清华大学廉慧珍教授、同济大学杨全兵教授、大连理工大学王宝民教授、交通运输部公路科学研究院赵尚传研究员、中交第一公路工程局有限公司赵宗智教授级高工、中交第二公路工程局有限公司程建新教授级高工、中交第三公路工程局有限公司崔登云教授级高工、中交第二航务工程局有限公司张国志教授级高工、山东省公路桥梁建设集团有限公司万雨帆教授级高工等专家的指正。酝酿此书已 10 年有余，这期间有若干同行提供了桥梁病害分析的机会，他们有樊超、王珊珊、郭洪、朱聚鹏、刘福顺、朱振祥、张博、盖国晖、梁浩、张大鹏、梅佳鸿、李昌辉、闫晨、支鹏飞、孔存芝、周希茂、赵一波、陆佃龙、杨万桥、林占胜、李强、刘玲玲、闫新亭、邵长余、刘广宇、陈颖、王贵、徐世航、战昂、庞学冬、黄泽超、李红星、王骞、李永伟、李鹏程、郑妍、郭永智、刘帅、姜瑞双等。在此，对提供实体工程病害案例和书稿意见的单位和个人一并表示感谢！

希望本书能够为现浇混凝土桥梁的建设管理、结构设计、施工控制、日常检测、运营维护人员提供认识病害、调查病害和避免病害的思路。鉴于病害产生的原因较多，发展的驱动力不唯一，各因素起主导作用的时机也比较随机，加之作者的水平和阅历很有限，书中不当之处在所难免，敬请同行不吝赐教。

著者

2023 年 11 月

目录 contents

1 等截面箱梁   1

    1.1 等截面箱梁底板   2

    1.2 等截面箱梁腹板   14

    1.3 等截面箱梁顶板   24

    1.4 等截面箱梁翼缘板   29

2 变截面箱梁   37

    2.1 变截面箱梁底板   38

    2.2 变截面箱梁腹板   44

    2.3 变截面箱梁顶板   48

    2.4 变截面箱梁翼缘板   51

    2.5 变截面箱梁齿块   53

3 空心板梁   57

    3.1 空心板梁底板   58

    3.2 空心板梁腹板   63

    3.3 空心板梁翼缘板   70

4

盖梁 / 台帽 — 75

- 4.1 盖梁侧面 — 76
- 4.2 盖梁端面 — 82
- 4.3 盖梁斜坡面 — 84
- 4.4 盖梁顶面 — 85
- 4.5 盖梁底面 — 87
- 4.6 台帽侧面 — 89

5

墩柱 — 93

- 5.1 墩柱顶部 — 94
- 5.2 墩柱底部 — 101
- 5.3 墩柱其他部位 — 111
- 5.4 墩柱外包混凝土 — 121

6

承台 — 125

- 6.1 承台顶面 — 126
- 6.2 承台侧面 — 126

7

桩基 — 129

- 7.1 桩基顶部 — 130
- 7.2 桩基其他部位 — 134

1 等截面箱梁

1.1 等截面箱梁底板

1.1.1 底板混凝土横缝

1. A 型

病害特征

箱梁底板存在通长横缝,数量多,集中分布于跨中附近,多伴随有腹板竖缝(图1-1),个别伴随渗水印迹(图1-2)。

调查重点

(1) 相邻横缝间距是不是底板横向钢筋间距的整数倍;
(2) 基于设计的箱梁抗弯承载能力与实际通行荷载的匹配性;
(3) 与底板横缝相连的腹板有无竖缝;
(4) 底板横缝数量、宽度、长度及其发展历史;
(5) 箱梁纵向预应力筋的有效预应力;
(6) 在与底板横缝相连的腹板竖缝处取芯以了解箱梁混凝土抗压强度及裂缝产生的大致时间。

图 1-1 底板通长横缝与腹板竖缝相连　　图 1-2 底板通长横缝伴随渗水印迹

2. B 型

病害特征

箱梁底板存在断续横缝,数量多(图1-3),分布规律性不强,有的箱室多,有的箱室少(图1-4)。

调查重点

(1) 底板横缝密集区域的横向钢筋保护层厚度是否明显偏小；

(2) 底板横缝区域钢筋锈蚀程度；

(3) 底板横缝两侧是否平整无高差；

(4) 底板横缝表面的封缝胶有无沿裂缝再次开裂；

(5) 底板横缝数量、宽度、长度及其发展历史；

(6) 连续浇筑的箱梁混凝土量、浇筑时天气情况及浇筑耗时；

(7) 底板底模材质、刚度、支撑方式及地基承载力。

图 1-3　底板断续横缝数量多　　　　图 1-4　底板断续横缝分布规律性不强

3. C 型

病害特征

箱梁底板存在横缝，裂缝长度不一，数量较少，多分布于跨中附近，裂缝间距无明显规律。

调查重点

(1) 与底板横缝相连的腹板有无竖缝（图 1-5）；

(2) 底板横缝位置与底板横向钢筋位置的对应关系；

(3) 底板横缝表面的封缝胶是否沿裂缝再次开裂；

(4) 底板横缝数量、宽度、长度及其发展历史；

(5) 底板横缝处开槽查看钢筋表面是否有水泥浆体（图 1-6）；

(6) 箱梁底板底模材质、刚度、支撑方式及地基承载力；

(7) 于底板横缝处取芯以了解箱梁混凝土抗压强度及混凝土开裂的大致龄期。

图 1-5　底板通长横缝腹板无竖缝

图 1-6　底板横缝处钢筋表面有水泥浆

1.1.2　底板混凝土纵缝

1. A 型

病害特征

箱梁底板存在纵缝，裂缝处多有斑状渗水印迹（图 1-7）或带状渗水印迹（图 1-8），多位于预应力孔道正下方。

调查重点

（1）底板纵缝与预应力孔道位置的对应关系；
（2）底板预应力孔道的材质是金属还是塑料；
（3）预应力孔道压浆完成至今出现极端低温及日平均气温低于 –5℃ 的累计日数；
（4）底板纵缝数量、宽度、长度及其发展历史；
（5）预应力孔道压浆完成后前 7 日的气温；
（6）于底板纵缝处开孔，查看孔道内浆体的情况。

图 1-7　底板纵缝伴随斑状渗水印迹

图 1-8　底板纵缝伴随带状渗水印迹

2. B 型

病害特征

箱梁底板存在纵缝,裂缝多连续且较长,大多位于预应力孔道下方(图 1-9),偶有斑状或带状渗水印迹(图 1-10)。

调查重点

(1) 底板纵缝与预应力孔道位置的对应关系;
(2) 底板纵缝正上方混凝土有无明显空洞;
(3) 于底板纵缝处取芯,查看混凝土是否富浆而粗集料少;
(4) 底板纵缝表面的封缝胶是否沿裂缝再次开裂。

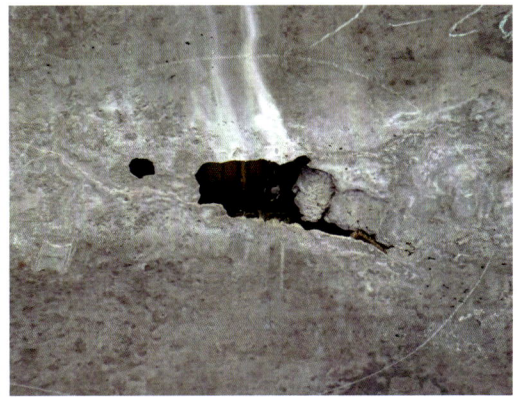

图 1-9　孔道正下方的底板纵缝　　　　图 1-10　底板纵缝伴随渗水印迹

1.1.3 底板混凝土网裂

1. A 型

病害特征

箱梁底板存在网裂,网裂区域表面光滑,多位于底板较低区域,有时伴随渗水印迹(图 1-11)或局部浆体脱落(图 1-12)。

调查重点

(1) 箱梁混凝土浇筑工艺及浇筑方向;
(2) 箱梁混凝土浇筑期间的环境温度;
(3) 网裂区域附近腹板底部有无离缝;

(4) 有无使用促使混凝土坍落度损失加快的原材料；

(5) 用小铁锤敲击网裂区域，查看是否有空鼓回声。

图 1-11 底板网裂伴随渗水印迹　　　　图 1-12 底板网裂伴随局部脱落

2. B 型

病害特征

箱梁底板网裂，多位于底板较低区域，底板混凝土颜色多浅白（图 1-13），粗集料少见，网裂区域的混凝土或刮除的浆体易脱落（图 1-14）。

调查重点

(1) 网裂区域与其周边区域混凝土的回弹强度及碳化深度对比；

(2) 用小铁锤敲击网裂区域以查看是否有空鼓回声；

(3) 对比最外层浆体与附近混凝土的颜色；

(4) 清理表层网裂的浆体以查看是否有粗集料。

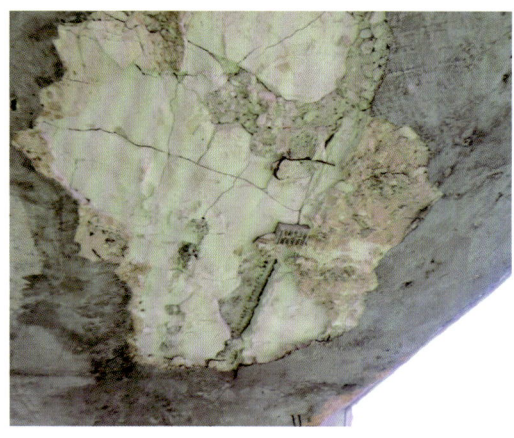

图 1-13 底板网裂区域颜色浅白　　　　图 1-14 底板网裂伴随局部脱落

3. C 型

病害特征

箱梁底板存在网裂,面积较大,混凝土颜色多呈浅白,有的裂缝呈连续状(图 1-15),有的呈断续状(图 1-16)。

调查重点

(1) 网裂区域在箱梁底板上的分布;
(2) 存在底板网裂的箱梁在全桥箱梁中的占比及分布;
(3) 箱梁混凝土是否采用了泵送浇筑工艺;
(4) 有无使用促使混凝土坍落度损失加快的原材料;
(5) 网裂区域与其周边区域的回弹强度及碳化深度对比;
(6) 于裂缝最宽处取芯以查看裂缝深度及混凝土匀质性。

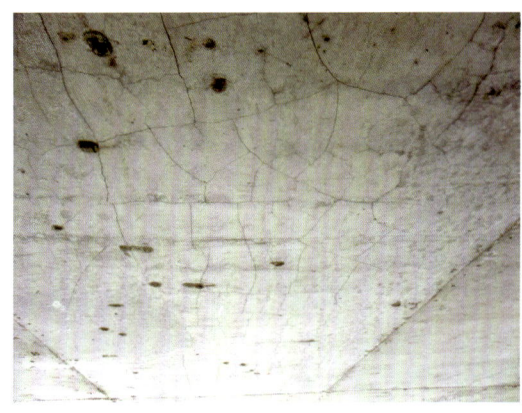
图 1-15 底板网裂裂缝呈连续状

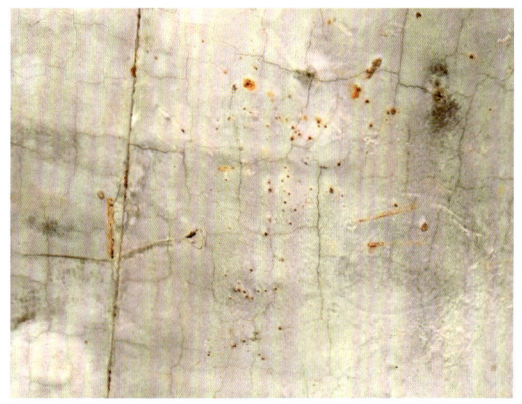
图 1-16 底板网裂裂缝呈断续状

1.1.4 底板混凝土空洞

1. A 型

病害特征

箱梁底板存在空洞,多位于预应力孔道正下方,有的呈点状(图 1-17),有的呈带状(图 1-18)。

调查重点

(1) 底板空洞区域与预应力孔道位置的对应关系;

(2)底板空洞区域附近的预应力孔道保护层厚度；
(3)底板空洞区域的钢筋直径、钢筋间距及粗集料粒径；
(4)底板空洞区域的混凝土是否富浆而少粗集料。

图 1-17　底板空洞呈点状

图 1-18　底板空洞呈带状

2. B 型

病害特征

箱梁底板存在空洞，多位于腹板预应力孔道正下方，有的伴随混凝土粗集料聚集（图1-19），有的伴随钢筋保护层垫块聚集（图1-20）。

调查重点

(1)底板空洞区域正上方是否存在预应力孔道并排；
(2)腹板和底板的钢筋保护层垫块材质及固定方式；
(3)底板空洞区域保护层垫块是否存在聚集；
(4)小铁锤敲击空洞附近区域以查看是否有不可见的空洞。

图 1-19　空洞处混凝土粗集料聚集

图 1-20　空洞处钢筋保护层垫块聚集

3. C 型

病害特征

箱梁底板存在空洞，多位于底板靠近墩顶附近的区域（图 1-21），多为点状空洞。

调查重点

(1) 箱梁混凝土的浇筑工艺及浇筑方向；
(2) 用小铁锤敲击曾经刮涂水泥浆体的区域以查看是否存在潜在的空洞；
(3) 空洞区域正上方是否存在钢筋间距明显偏小的情况（图 1-22）。

图 1-21　底板空洞（靠近梁端）　　　　图 1-22　底板空洞（钢筋间距明显偏小）

1.1.5 底板混凝土 / 浆体剥落

1. A 型

病害特征

箱梁底板混凝土局部剥落，多存在于泄水管一侧（图 1-23）并有桥面积水流经的底板边缘。

调查重点

(1) 混凝土剥落区域有无桥面积水流经；
(2) 混凝土剥落的厚度与钢筋净保护层厚度之间的关系；
(3) 混凝土剥落区域的钢筋保护层厚度是否明显偏小；
(4) 混凝土剥落区域是否积存木屑、焊渣等杂物（图 1-24）。

图 1-23　混凝土剥落区域钢筋保护层厚度小　　图 1-24　混凝土剥落区域木屑等杂物聚集

2. B 型

病害特征

箱梁底板局部浆体剥落，浆体多呈块状剥落，多存在于泄水管一侧并有桥面积水或雨水流经的底板边缘。

调查重点

（1）浆体剥落区域是否多存在于箱梁纵向施工接缝或支座附近；

（2）辨别剥落的浆体是箱梁混凝土中的还是拆模后刮涂的（图 1-25）；

（3）浆体剥落区域是否有桥面积水或雨水流经；

（4）用小铁锤敲击浆体剥落区域及邻近区域以查看是否有空鼓回声；

（5）浆体剥落区域是否积存木屑、粉尘、焊渣等杂物；

（6）浆体剥落区域的钢筋是否锈蚀（图 1-26）。

图 1-25　底板刮涂浆体剥落　　　　　　　图 1-26　底板刮涂浆体剥落（钢筋锈蚀）

1.1.6 底板混凝土渗水

1. A 型

病害特征

箱梁底板混凝土纵向渗水（图 1-27），多伴随白色渗出物（图 1-28），有的还持续渗水（图 1-29）。

图 1-27　底板纵向渗水

调查重点

（1）底板渗水区域是否位于预应力孔道下方；

（2）渗水区域预应力孔道中是否积存自由水；

（3）底板预应力孔道的材质是金属还是塑料；

（4）底板渗水位置、面积、数量及其发展历史；

（5）箱梁预应力孔道压浆完成至今出现极端低温及日平均气温低于 –5℃的累计日数；

（6）箱梁预应力孔道压浆完成后前 7 日的气温。

图 1-28　底板渗水并伴随白色渗出物

图 1-29　底板持续渗水

2. B 型

病害特征

箱梁底板混凝土横向渗水（图 1-30），走向与箱梁宽度方向一致，多伴随白色或黄色渗出物（图 1-31）。

调查重点

（1）线状渗水是否贯穿箱梁底板的全部宽度范围；

（2）与底板渗水横缝相连的腹板竖缝是否也存在渗水；

（3）箱梁底板顶面是否有积水；

（4）箱梁顶板或桥面铺装是否有雨水进入梁内的通道；

（5）底板渗水位置、面积、数量及其发展历史；

（6）箱梁承载能力是否满足实际的车辆荷载需求。

图 1-30　底板横向渗水

图 1-31　底板横向渗水伴随黄色渗出物

1.1.7 底板钢筋锈蚀

1. A 型

病害特征

箱梁底板边缘呈零星分布的钢筋锈蚀，多存在于安装泄水管的一侧，多有桥面积水或雨水流经。

调查重点

（1）钢筋锈蚀区域在底板长度方向上的分布；

（2）钢筋锈蚀区域的钢筋保护层厚度是否明显偏小（图 1-32）；

（3）钢筋锈蚀区域的混凝土有无顺钢筋长度方向的裂缝；

（4）钢筋保护层范围内的混凝土是否富浆而少粗集料；

（5）钢筋保护层范围内的混凝土是否有蜂窝等不密实情况（图 1-33）；

（6）钢筋锈蚀区域的面积及锈蚀程度。

图 1-32　底板钢筋锈蚀（保护层厚度小）　　图 1-33　底板钢筋锈蚀（混凝土蜂窝）

2. B 型

病害特征

箱梁底板边缘局部钢筋锈蚀，多存在于安装泄水管的一侧，有桥面积水流经（图 1-34）和钢筋保护层厚度明显偏小（图 1-35）的现象。

调查重点

(1) 钢筋锈蚀区域在底板长度方向上的分布；
(2) 钢筋锈蚀区域的钢筋保护层厚度是否明显偏小；
(3) 钢筋保护层范围内的混凝土是否有蜂窝等不密实情况；
(4) 钢筋保护层厚度范围内有无木屑、粉尘等杂物；
(5) 钢筋锈蚀区域与邻近区域混凝土的回弹强度及碳化深度对比；
(6) 桥梁所在地区的冬季降水及融雪剂撒布情况；
(7) 钢筋锈蚀区域的面积及锈蚀程度。

图 1-34　底板钢筋锈蚀（桥面积水流经）　　图 1-35　底板钢筋锈蚀（保护层厚度小＋桥面积水流经）

1.2 等截面箱梁腹板

1.2.1 腹板混凝土竖缝

1. A 型

病害特征

箱梁腹板存在竖缝，有的竖缝居腹板高度的中部（图 1-36），所在横断面对应位置少有底板横缝，即使有横缝也不贯穿整个箱梁底板宽度（图 1-37）。

调查重点

(1) 腹板竖缝在箱梁长度方向上的分布；
(2) 竖缝在同一横断面上多个腹板上的分布；
(3) 腹板竖缝表面宽度在腹板高度方向上有无规律；
(4) 腹板竖缝处是否与腹板竖向钢筋位置对应；
(5) 腹板竖缝处钢筋保护层厚度是否明显偏小；
(6) 箱梁混凝土逐跨浇筑还是多跨连续浇筑；
(7) 箱梁混凝土浇筑期间的气温及风速；
(8) 箱梁外模材质、刚度及支撑的刚度；
(9) 于腹板竖缝处取芯以了解裂缝发生的大致龄期。

图 1-36 腹板竖缝（居腹板高度中部）

图 1-37 腹板竖缝（相连底板横缝较短）

2. B 型

病害特征

箱梁腹板存在竖缝,所在横断面对应位置有底板横缝(图 1-38),底板横缝较长,有的甚至贯穿整个箱梁底板宽度,有的腹板竖缝伴随白色渗出物(图 1-39)。

调查重点

(1) 腹板竖缝在箱梁长度方向上的分布;
(2) 腹板竖缝表面宽度在腹板高度方向上有无规律;
(3) 腹板底部竖缝两侧的表面浆体有无明显缺失;
(4) 与腹板竖缝相连的底板横缝两侧的表面浆体有无明显缺失;
(5) 与腹板竖缝同一横断面的翼缘板有无横缝;
(6) 腹板竖缝数量、长度、宽度及其发展历史;
(7) 于腹板竖缝处取芯以了解箱梁混凝土抗压强度及裂缝发生的大致龄期。

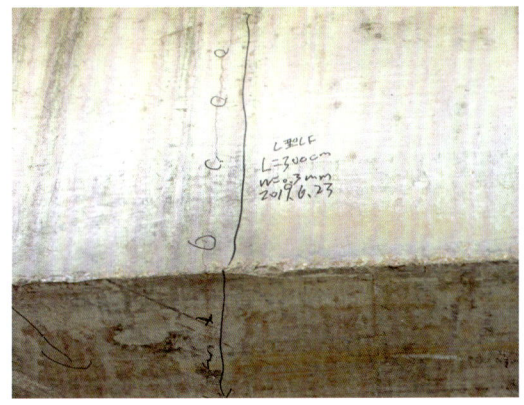
图 1-38 腹板竖缝与底板横缝相连

图 1-39 腹板竖缝伴随白色渗出物

3. C 型

病害特征

箱梁腹板存在竖缝,竖缝都止于腹板某一高度(图 1-40),同一横断面的底板有短横缝或网裂(图 1-41),裂缝区域混凝土的颜色较周边无裂缝区域的颜色更浅一些。

调查重点

(1) 竖缝长度或起讫点在腹板高度上有无规律;
(2) 腹板竖缝在箱梁长度方向上的分布;

（3）腹板竖缝区域与邻近区域的混凝土回弹强度和碳化深度对比；

（4）相邻腹板竖缝的间距与该处竖缝的长度是否接近；

（5）腹板竖缝及底板横缝两侧的表面浆体是否完好。

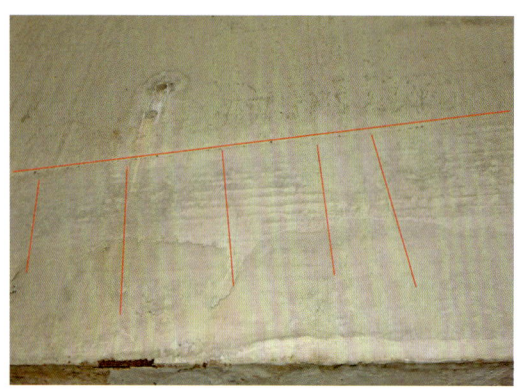

图 1-40　腹板竖缝止于某一高度　　　图 1-41　腹板竖缝对应的底板混凝土网裂

1.2.2 腹板混凝土斜缝 / 纵缝

病害特征

箱梁腹板存在斜缝或纵缝，斜缝处多伴随渗水印迹（图 1-42），有的纵缝处也伴随渗水印迹（图 1-43），裂缝两侧的浆体多有剥落（图 1-44）。

调查重点

（1）腹板斜缝或纵缝是否位于预应力孔道正外侧；

（2）于渗水区域开孔以查看预应力孔道中是否积存自由水；

（3）腹板预应力孔道的材质是金属还是塑料；

（4）腹板斜缝或纵缝数量、长度、宽度及其发展历史；

（5）箱梁预应力孔道压浆完成后前 7 日的气温；

（6）箱梁预应力孔道压浆完成至今出现极端低温及日平均气温低于 –5℃的累计日数；

（7）于腹板斜缝处取芯以了解混凝土开裂的大致龄期和裂缝发展的驱动力。

图 1-42　腹板斜缝伴随渗水印迹

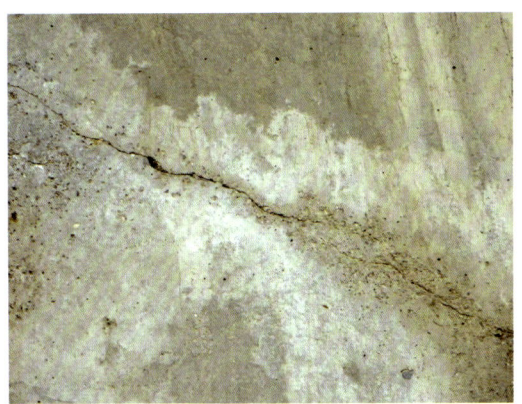

图 1-43 腹板纵缝伴随渗水印迹　　图 1-44 渗水印迹附近混凝土浆体剥落

1.2.3 腹板混凝土网裂

1. A 型

病害特征

箱梁腹板局部网裂，网裂区域的混凝土颜色较周边无裂缝区域的颜色更浅且表面更光滑（图 1-45），附近底板混凝土并无类似裂缝。

调查重点

(1) 网裂区域在腹板长度方向上的分布；

图 1-45 腹板网裂区域较邻近区域颜色更浅白

(2) 网裂区域在腹板高度上的分布；

(3) 腹板网裂区域的边缘附近表面有无不平整现象；

(4) 打磨网裂处以了解网裂深度及表层浆体厚度；

(5) 箱梁混凝土浇筑期间的气温、风速和浇筑耗时；

(6) 箱梁腹板模板材质、刚度及支撑方式。

2. B 型

病害特征

箱梁腹板局部网裂，网裂区域的混凝土颜色较周边无裂缝区域的颜色更浅且表面更光滑（图 1-46），就近底板混凝土也存在网裂（图 1-47）。

调查重点

（1）网裂区域在腹板长度方向上的分布；
（2）网裂区域在腹板高度方向上的分布；
（3）网裂区域的混凝土是否富浆而少粗集料；
（4）网裂区域与邻近区域混凝土的回弹强度及碳化深度对比；
（5）打磨网裂区域以了解裂缝深度及表层浆体厚度；
（6）箱梁混凝土浇筑完成后前 7 天的气温。

图 1-46　腹板网裂区域混凝土表面光滑且颜色浅白　　图 1-47　腹板网裂区域对应的底板有类似网裂

1.2.4 腹板混凝土渗水

病害特征

箱梁腹板存在渗水印迹，伴随白色、黄色或红色的渗出物；开始渗水的前几年渗出物多呈白色（图 1-48），持续渗水数年后渗出物多呈黄色或红色（图 1-49）。

调查重点

（1）渗水区域在腹板长度方向上的分布；
（2）腹板渗水区域与预应力孔道的位置对应性；
（3）于渗水区域开孔以查看孔道中是否积存明水或浆体含水率高；
（4）预应力孔道材质是金属还是塑料；
（5）腹板渗水位置、面积、数量及其发展历史；

(6) 腹板预应力孔道压浆完成后前 7 日的气温；

(7) 箱梁施工完成后至今该地区出现极端低温及日平均气温低于 –5℃ 的累计日数。

图 1-48　腹板渗水处有白色渗出物

图 1-49　腹板渗水处有黄色渗出物

1.2.5 腹板混凝土脱落

1. A 型

病害特征

箱梁腹板局部混凝土表层浆体脱落（图 1-50），脱落处几乎看不见粗集料的新鲜断面。

调查重点

(1) 浆体脱落区域在腹板长度方向上的分布；

(2) 浆体脱落区域在腹板高度上的分布；

(3) 浆体脱落严重区域是否有桥面积水或雨水流经；

(4) 残存的未脱落的浆体厚度以及该处腹板表面是否光滑；

(5) 浆体脱落区域周边是否伴随有混凝土错台或浇筑冷缝；

(6) 箱梁模板材质、刚度及支撑方式和刚度。

图 1-50　腹板混凝土局部浆体脱落

2. B型

病害特征

箱梁端部腹板有较大面积的混凝土脱落（图1-51），脱落的混凝土厚度多与该处钢筋保护层厚度相当（图1-52），有的区域有桥面积水流经。

调查重点

（1）混凝土脱落在腹板长度方向上的分布；
（2）脱落的混凝土是不是富浆而少粗集料；
（3）混凝土脱落区域是否有明显的钢筋锈胀；
（4）临近脱落区域的混凝土是否存在网裂情况；
（5）混凝土脱落区域是否有桥面积水或雨水流经；
（6）脱落区域腹板与其他部位的混凝土是否存在挤压情况。

图1-51 端部腹板局部混凝土脱落　　图1-52 混凝土脱落导致钢筋外露

3. C型

病害特征

箱梁腹板局部的混凝土脱落，脱落处多可见零星的露筋（图1-53），严重的可见较大面积的露筋（图1-54），且钢筋锈蚀明显。

调查重点

（1）混凝土脱落区域可见的是粗集料断口还是原表面；
（2）混凝土脱落区域的钢筋锈蚀程度；
（3）混凝土脱落区域是否有桥面积水或雨水流经；
（4）混凝土脱落区域是否有腹板施工冷缝；
（5）混凝土脱落区域有没有顺钢筋长度方向的裂缝；

（6）混凝土脱落的邻近区域钢筋保护层厚度和锈蚀程度。

图 1-53　混凝土脱落处可见零星的露筋　　　图 1-54　混凝土脱落处可见较大范围的露筋

1.2.6　腹板接缝处混凝土网裂或脱落

1. A 型

病害特征

现浇箱梁腹板接缝附近混凝土网裂（图 1-55），远离接缝处的裂缝多呈辐射状（图 1-56），有些裂缝延伸至翼缘板和底板。

图 1-55　腹板施工接缝处网裂　　　图 1-56　远离接缝处的裂缝呈辐射状

调查重点

（1）用小铁锤敲击腹板混凝土网裂区域以查看是否有空鼓回声；

（2）混凝土网裂区域裂缝呈连续状还是断续状；

（3）施工接缝附近预应力孔道压浆的品质；

（4）接缝处网裂的数量、长度、宽度及其发展历史；

（5）孔道中钢绞线数量及接缝处最外侧的钢筋直径和间距；

（6）施工接缝附近预应力孔道位置与设计的偏差；

（7）施工接缝处腹板端部模板的材质及固定方式；

（8）箱梁底板跨中附近是否有贯穿底板宽度的横缝。

2. B 型

病害特征

箱梁在腹板施工接缝附近存在较大面积的混凝土脱落（图 1-57），脱落的混凝土厚度与该处钢筋保护层厚度相当；混凝土脱落区域的钢筋有的锈蚀（图 1-58），有的无明显锈蚀。

调查重点

（1）用小铁锤敲击混凝土脱落的邻近区域以查看是否有空鼓回声；

（2）混凝土脱落的邻近区域有无连续状的裂缝；

（3）孔道中钢绞线数量及接缝处最外侧的钢筋直径和间距；

（4）施工接缝附近预应力孔道位置与设计的偏差；

（5）腹板预应力连接器处套筒内是否有混凝土砂浆流入；

（6）施工接缝处腹板端部模板的材质及固定方式；

（7）箱梁底板跨中附近是否有贯穿底板宽度的横缝；

（8）混凝土脱落区域及邻近区域的钢筋锈蚀情况。

图 1-57 腹板施工接缝处的混凝土脱落

图 1-58 混凝土脱落区域的钢筋锈蚀

1.2.7 腹板接缝处斜缝

病害特征

箱梁腹板在施工接缝处出现斜缝，多存在于先浇筑箱梁一侧（图 1-59），有些腹板斜缝与底板横缝相连（图 1-60）。

图 1-59　腹板施工接缝处斜缝　　　　　图 1-60　施工接缝处斜缝与底板横缝相连

调查重点

（1）斜缝长度及宽度在腹板高度上的分布；
（2）腹板施工接缝处是否有较长的竖缝；
（3）接缝附近先浇筑箱梁底板有无贯穿底板宽度的横缝；
（4）与腹板斜缝相连的底板横缝是连续状还是断续状；
（5）腹板斜缝数量、长度、宽度及其发展历史；
（6）接缝处腹板中最下层的预应力孔道与底板底面的距离；
（7）接缝处预应力钢绞线固定端附近的有效预应力；
（8）箱梁施工时采用的模板材质、刚度及支撑的方式。

1.2.8 腹板钢筋锈蚀

病害特征

箱梁腹板局部钢筋锈胀，有的是水平钢筋锈蚀（图 1-61），有的是竖向钢筋锈蚀（图 1-62），多伴随保护层混凝土脱落。

调查重点

（1）钢筋锈蚀区域在腹板长度方向上的分布；

（2）钢筋锈蚀区域的保护层厚度是否明显偏小；

（3）钢筋锈蚀区域是否有桥面积水或雨水流经；

（4）小铁锤敲击钢筋锈蚀区域及邻近区域查看有无空鼓回声；

（5）钢筋锈蚀区域的钢筋直径和间距；

（6）钢筋锈蚀区域的面积及锈蚀程度。

图 1-61　腹板水平钢筋锈蚀　　　　图 1-62　腹板竖向钢筋锈蚀

1.3　等截面箱梁顶板

1.3.1　顶板混凝土横缝

1. A 型

病害特征

箱梁顶板底面混凝土出现横缝，有的与腹板竖缝相连呈 L 形（图 1-63），有的贯穿梁内顶板，裂缝处渗水印迹明显（图 1-64）并伴随白色或黄色渗出物。

调查重点

（1）顶板横缝在箱梁长度方向上的分布；

（2）顶板底面横缝呈连续状还是断续状；

(3) 与顶板横缝相连的腹板竖缝宽度在腹板高度上的规律；

(4) 箱梁模板材质、刚度及支撑方式；

(5) 模板及支撑有无预压及预压方式；

(6) 箱梁纵向预应力张拉时对应的混凝土龄期；

(7) 箱梁混凝土浇筑完成后前 7 天的气温；

(8) 箱梁沥青铺装有无坑槽或横缝等病害。

图 1-63　顶板横缝与腹板竖缝相连　　图 1-64　顶板横缝处伴随渗水印迹

2. B 型

病害特征

横缝多分布于靠近腹板的顶板底面（图 1-65），有的横缝贯穿梁内顶板宽度范围，裂缝处渗水印迹明显并伴随白色渗出物（图 1-66）。

图 1-65　靠近腹板的顶板底面混凝土横缝　　图 1-66　顶板横缝伴随明显的渗水印迹

调查重点

(1) 顶板横缝在箱梁长度方向上的分布；

(2) 顶板横缝呈连续状还是断续状；

(3) 箱梁混凝土是整体浇筑还是分两次浇筑；

(4) 顶板横缝端部有没有向下延伸至先浇筑的腹板范围；

(5) 箱梁混凝土配合比及顶板浇筑完成后前 7 天的天气情况；

(6) 箱梁混凝土用水泥类型及比表面积；

(7) 箱梁混凝土顶板养生方式及开始养生的混凝土龄期。

1.3.2 顶板混凝土纵缝

病害特征

顶板底面纵缝长度较长，有的甚至与箱梁长度相当（图 1-67）；相邻纵缝间距较小（图 1-68），大多是顶板纵向钢筋间距的整数倍；有的纵缝有渗水印迹（图 1-69）；有的封缝胶沿裂缝再次开裂（图 1-70）。

图 1-67　顶板底面混凝土纵缝通长

图 1-68　顶板底面混凝土纵缝间距较小

图 1-69　顶板底面混凝土纵缝处伴随渗水

图 1-70　顶板底面纵缝封缝胶再次开裂

调查重点

（1）顶板纵缝在箱梁内顶板宽度上的分布；

（2）存在顶板纵缝的箱梁在全桥箱梁中的占比及分布；

（3）顶板纵缝数量、长度、宽度及其发展历史；

（4）箱梁相邻两道腹板之间的距离及横向预应力布置；

（5）交通荷载情况及计重收费期间有无重车通行；

（6）桥面平整度尤其是伸缩缝附近的平整度；

（7）顶板纵缝表面的封缝胶是否沿裂缝再次开裂。

1.3.3 顶板混凝土渗水

1. A 型

病害特征

箱梁顶板局部渗水，多发生于顶板预留人孔处，有的沿着人孔外边缘渗水（图1-71），有的沿着方形人孔对角线的延长线渗水，有的整个人孔区域渗水（图1-72）。

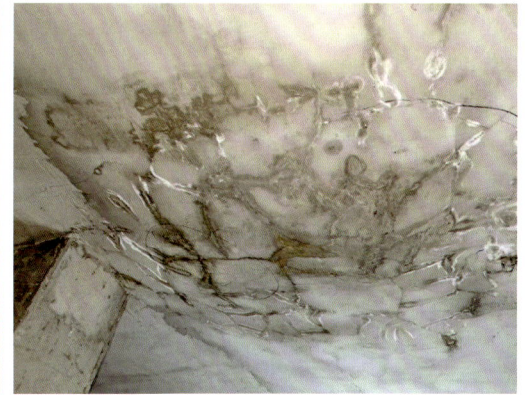

图1-71 顶板预留人孔周边渗水　　　　图1-72 顶板整个预留人孔区域渗水

调查重点

（1）顶板渗水区域与预留人孔及其边界的对应关系；

（2）顶板预留人孔四周的混凝土有无蜂窝等不密实情况；

（3）顶板渗水的持续性及渗出物的颜色；

（4）顶板混凝土浇筑完成后前7天的天气情况；

（5）顶板渗水区域的钢筋锈蚀程度；

(6) 桥面铺装有无坑槽等病害。

2. B 型

病害特征

箱梁顶板小面积渗水，多是持续渗水（图 1-73）且有白色、黄色甚至红色的渗出物。

调查重点

(1) 渗水区域周边是否有顶板施工预留孔（图 1-74）；
(2) 渗水区域的顶板预留孔是否未进行有效封堵；
(3) 用小铁锤敲击渗水区域以查看有无混凝土空鼓或疏松的回声；
(4) 渗水区域表面是否是刮涂的水泥净浆或砂浆；
(5) 渗水区域对应的桥面沥青铺装有无坑槽病害。

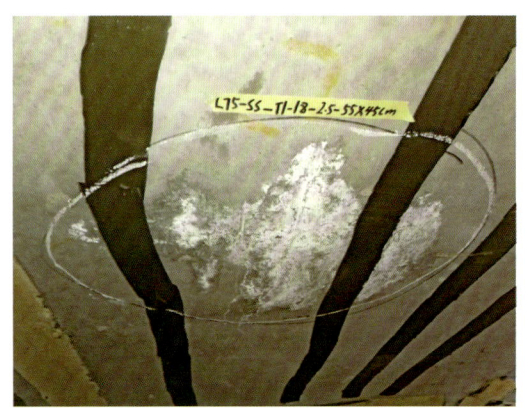 

图 1-73　顶板底面持续渗水　　　　图 1-74　顶板底面渗水处有施工预留孔

1.3.4 顶板钢筋锈蚀

病害特征

箱梁顶板钢筋锈蚀，多存在于顶板人孔及其他预留孔区域（图 1-75），混凝土多不密实（图 1-76），持续渗水并伴随黄色或红色的渗出物（图 1-77）。

调查重点

(1) 钢筋锈蚀在顶板上的分布；

图 1-75　顶板预留孔处钢筋锈蚀

(2) 钢筋锈蚀区域周边的混凝土是否有蜂窝、空洞等不密实的情况；

(3) 钢筋锈蚀区域对应的桥面沥青铺装是否有坑槽等病害；

(4) 钢筋锈蚀区域的面积及锈蚀程度。

图 1-76　顶板钢筋锈蚀区域混凝土不密实　　图 1-77　顶板预留人孔处持续渗水

1.4 等截面箱梁翼缘板

1.4.1 翼缘板混凝土横缝

病害特征

箱梁翼缘板横缝，全梁长度均有分布（图 1-78），裂缝长度与翼缘板宽度相当，多伴随白色渗水印迹，绝大部分裂缝发生于施工期（图 1-79）。

图 1-78　遍布全梁长度的翼缘板横缝　　　　图 1-79　翼缘板横缝在施工期就存在

> **调查重点**

(1) 横缝分布于箱梁的单侧还是两侧翼缘板；
(2) 顶板混凝土与腹板混凝土是否分两次浇筑；
(3) 与翼缘板横缝对应的腹板上有无竖缝；
(4) 翼缘板横缝处有无黄色或红色的渗出物；
(5) 顶板混凝土浇筑完成后前 7 天的天气情况；
(6) 箱梁模板材质、刚度及支撑方式和预压情况。

1.4.2 翼缘板混凝土斜缝

1. A 型

> **病害特征**

安装伸缩缝的梁端翼缘板有斜缝（图 1-80），左右幅箱梁的翼缘板均有（图 1-81），同一跨箱梁左右两个翼缘板均有（图 1-82），有的伴随白色渗出物（图 1-83）。

图 1-80　翼缘板斜缝

图 1-81　左右幅箱梁的翼缘板均有斜缝

图 1-82　箱梁的左右两个翼缘板均有斜缝

图 1-83　翼缘板斜缝伴随白色渗出物

调查重点

(1) 存在翼缘板斜缝的箱梁在全桥箱梁中的占比及分布;
(2) 某一翼缘板斜缝的数量、长度、宽度及其发展历史;
(3) 同一梁端左右两侧翼缘板是否都有类似裂缝;
(4) 同一伸缩缝两侧箱梁的翼缘板是否都存在类似裂缝;
(5) 翼缘板斜缝呈连续状还是断续状;
(6) 腹板最上面孔道的位置及孔道内钢绞线数量;
(7) 于翼缘板斜缝处取芯以了解混凝土开裂时的大致龄期;
(8) 箱梁翼缘板模板材质、刚度及支撑方式。

2. B 型

病害特征

连续箱梁靠近接缝处翼缘板有斜缝（图1-84），多存在于先浇筑的梁段上，一般是多条斜缝同时存在且伴随渗水印迹（图1-85）。

调查重点

(1) 存在翼缘板斜缝的箱梁在全桥箱梁中的占比及分布;
(2) 翼缘板斜缝呈连续状还是断续状;
(3) 翼缘板斜缝数量、长度、宽度及其发展历史;
(4) 腹板最上面孔道的位置及孔道内钢绞线数量;
(5) 于翼缘板斜缝处取芯以了解混凝土开裂时的大致龄期;
(6) 箱梁翼缘板模板材质、刚度及支撑方式。

图1-84 靠近施工接缝处翼缘板斜缝

图1-85 翼缘板斜缝处伴随渗水

1.4.3 翼缘板混凝土渗水

1. A 型

病害特征

箱梁翼缘板的较大面积渗水泛白（图 1-86），局部混凝土表层浆体剥落（图 1-87），甚至出现粗集料裸露的情况。

调查重点

（1）翼缘板渗水区域有无桥面积水或雨水流经；
（2）翼缘板渗水区域与相邻无渗水区域的混凝土回弹强度及碳化深度对比；
（3）用小铁锤敲击翼缘板渗水区域以了解混凝土有无原生缺陷；
（4）于翼缘板渗水区域混凝土取芯以了解混凝土的密实性；
（5）翼缘板渗水区域对应的桥面沥青铺装有无坑槽等病害。

图 1-86　翼缘板较大面积的渗水泛白　　　图 1-87　翼缘板渗水处浆体剥落

2. B 型

病害特征

箱梁翼缘板带状渗水，有的存在于翼缘板根部（图 1-88），有的存在于翼缘板宽度的中部（图 1-89），渗水区域多长达数米甚至与梁长度相当，多伴随白色渗出物。

调查重点

（1）翼缘板带状渗水区域混凝土有无纵缝；
（2）渗水区域与临近无渗水区域的混凝土回弹强度对比；

(3) 渗水区域有无桥面积水和雨水流经；

(4) 渗水区域对应的沥青铺装有无纵缝；

(5) 箱梁混凝土浇筑是否在翼缘板根部分层；

(6) 箱梁混凝土是单跨浇筑还是多跨连续浇筑；

(7) 翼缘板混凝土浇筑期间的天气情况；

(8) 翼缘板模板材质、刚度及支撑方式和预压情况。

图 1-88　翼缘板根部渗水泛白　　　图 1-89　翼缘板宽度的中部渗水泛白

1.4.4 翼缘板混凝土剥落

病害特征

箱梁翼缘板存在较大面积的浆体剥落（图 1-90），局部粗集料外露（图 1-91）。

调查重点

(1) 混凝土剥落的翼缘板有没有明显的裂缝；

(2) 混凝土剥落区域与邻近区域混凝土的回弹强度对比；

(3) 混凝土剥落区域是否有桥面积水或雨水流经；

(4) 混凝土剥落区域有无拆模后刮涂砂浆或净浆的印迹；

(5) 于混凝土剥落区域取芯以了解混凝土的密实性；

(6) 混凝土剥落位置、面积、深度等的发展历史；

(7) 翼缘板混凝土浇筑期间的天气情况及浇筑耗时；

(8) 翼缘板模板材质、刚度及支撑方式和预压情况。

图 1-90 翼缘板局部混凝土剥落

图 1-91 翼缘板浆体剥落，粗集料外露

1.4.5 翼缘板钢筋锈蚀

1. A 型

病害特征

箱梁翼缘板泄水管周边钢筋明显锈蚀，有的伴随渗水（图 1-92），有的无渗水（图 1-93），多伴随钢筋保护层范围内的混凝土缺失。

调查重点

（1）钢筋锈蚀区域是否有桥面积水或雨水流经；

（2）泄水管周边混凝土尚未脱落的区域，是否有裂缝或者空鼓；

（3）安装泄水管的竖向孔是浇筑箱梁混凝土时预留的还是安装泄水管之前水钻成孔的。

图 1-92 泄水孔周边钢筋锈蚀伴随渗水

图 1-93 泄水孔周边钢筋锈蚀无渗水印迹

2. B 型

病害特征

箱梁翼缘板泄水管周边钢筋锈蚀，有的伴随周边混凝土剥落（图 1-94），有的伴随混凝土顺筋剥落（图 1-95）。

调查重点

(1) 钢筋锈蚀区域是否有桥面积水或雨水流经；
(2) 泄水管周边混凝土尚未剥落的区域，是否有顺钢筋长度方向的裂缝或者空鼓；
(3) 钢筋锈蚀区域的钢筋保护层厚度是否明显偏小；
(4) 桥梁所在地区冬季气温及融雪剂撒布情况；
(5) 钢筋锈蚀区域的面积及锈蚀程度。

图 1-94　周边钢筋锈蚀伴随混凝土剥落　　　图 1-95　钢筋锈蚀伴随混凝土顺筋剥落

3. C 型

病害特征

箱梁翼缘板泄水管周边存在较大面积的钢筋锈蚀（图 1-96），多伴随钢筋保护层范围内的混凝土剥落（图 1-97）。

调查重点

(1) 钢筋锈蚀区域是否有桥面积水或雨水流经；
(2) 泄水管周边混凝土尚未剥落的区域是否有顺钢筋长度方向的裂缝或者空鼓；
(3) 钢筋锈蚀区域的钢筋保护层厚度是否明显偏小；
(4) 泄水管是翼缘板施工期间的预留孔还是后来水钻成孔；

(5) 钢筋锈蚀区域及邻近区域混凝土的回弹强度及碳化深度对比；
(6) 桥梁所在地区冬季气温及融雪剂撒布情况。

图 1-96　周边钢筋锈蚀，保护层厚度偏小　　图 1-97　泄水管处钢筋锈蚀伴随混凝土脱落

4. D 型

病害特征

箱梁翼缘板局部钢筋锈蚀，多伴随混凝土脱落。

调查重点

(1) 翼缘板钢筋锈蚀区域有无桥面积水或雨水流经（图 1-98）；
(2) 翼缘板钢筋锈蚀区域混凝土是否存在蜂窝等不密实情况（图 1-99）；
(3) 翼缘板钢筋锈蚀区域的混凝土脱落处是否有粗集料断口；
(4) 翼缘板钢筋锈蚀区域是否存在施工期刮涂砂浆的情况；
(5) 桥梁所在地区冬季气温及融雪剂撒布情况。

图 1-98　钢筋锈蚀区域有雨水流经　　图 1-99　钢筋锈蚀区域混凝土不密实

2 变截面箱梁

2.1 变截面箱梁底板

2.1.1 底板混凝土横缝

1. A 型

> **病害特征**

变截面连续箱梁底板存在横缝,多分布在跨中附近(图 2-1),底板横缝多与腹板的竖缝相连(图 2-2),有的横缝贯穿整个底板;相邻横缝的间距多为底板最外侧钢筋间距的整数倍。

> **调查重点**

(1) 底板横缝在箱梁长度上的分布;
(2) 底板横缝表面呈连续状还是断续状;
(3) 底板横缝是否贯穿整个底板宽度;
(4) 底板横缝是否有腹板竖缝与其相连;
(5) 与底板横缝相连的腹板竖缝是否下宽上窄;
(6) 底板横缝处的钢筋保护层厚度是否明显偏小;
(7) 底板横缝长度、数量、宽度及其发展历史;
(8) 于底板横缝处取芯以了解裂缝深度和混凝土开裂的大致龄期。

图 2-1　跨中附近底板横缝　　　　图 2-2　底板横缝与腹板竖缝相连

2. B 型

病害特征

变截面连续箱梁（图 2-3）存在底板横缝，横缝多止于腹板正下方（图 2-4），有的贯穿整个底板；底板表面有明显的凹凸（图 2-5）；相邻横缝的间距较小（图 2-6），多为底板最外侧钢筋间距的整数倍。

调查重点

（1）底板横缝在箱梁长度方向上的分布；
（2）与底板横缝相连的腹板有无竖缝；
（3）底板横缝处的钢筋保护层厚度是否明显偏小；
（4）底板横缝区域与邻近区域的混凝土回弹强度及碳化深度对比；
（5）于底板横缝处取芯以了解裂缝深度以及混凝土开裂的大致龄期；
（6）箱梁底模材质、刚度及支撑方式；
（7）底板模缝处钢筋的锈蚀程度。

图 2-3 变截面连续箱梁

图 2-4 底板横缝多止于腹板底部

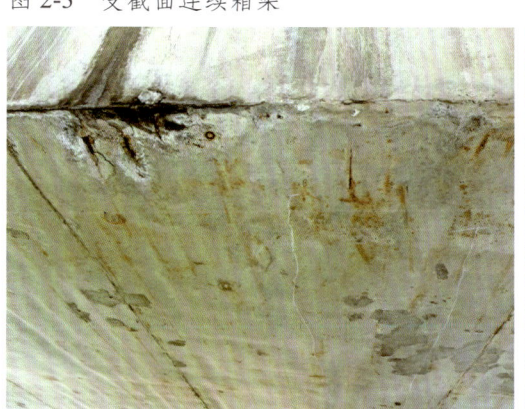

图 2-5 底板有明显的凹凸不平

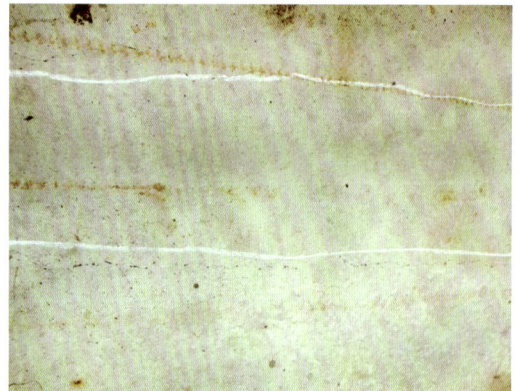

图 2-6 底板横缝间距较小

2.1.2 底板混凝土斜缝

病害特征

底板斜缝多存在于箱梁底板宽度大（图2-7）、单箱多室且采用挂篮施工（图2-8）的变截面箱梁。斜缝大多分布于箱室正下方，偶尔伴随少量的纵缝，斜缝表面多有渗水印迹。

调查重点

（1）底板斜缝基本情况（数量、长度、走向、位置等）；
（2）底板斜缝两侧混凝土是否平顺；
（3）底板斜缝是呈连续状还是断续状；
（4）底板斜缝表面渗出物的颜色（白色、黄色、红色或交替出现）；
（5）箱梁混凝土的配合比及混凝土浇筑后前7天的天气情况；
（6）箱梁混凝土浇筑总量及连续浇筑持续的时间；
（7）挂篮结构形式、横向刚度及混凝土布料情况。

图 2-7 存在底板斜缝的箱梁底板宽度大　　图 2-8 变截面箱梁施工常用的挂篮

2.1.3 底板混凝土网裂

病害特征

底板网裂（图2-9）多存在于底板宽度大、单箱多室且采用挂篮施工的变截面箱梁，网裂多分布于施工节段交界附近（图2-10）。

调查重点

（1）底板网裂的基本情况，如面积和位置等；

(2) 裂缝两侧混凝土是否平顺;

(3) 底板网裂区域裂缝的最大宽度;

(4) 打磨掉底板混凝土表层 5mm,查看粗集料分布情况;

(5) 网裂区域及邻近区域混凝土的回弹强度及碳化深度对比;

(6) 箱梁混凝土的配合比及混凝土浇筑后前 7 天的天气情况;

(7) 箱梁混凝土浇筑总量及连续浇筑持续的时间;

(8) 挂篮结构形式、横向刚度及混凝土布料情况。

图 2-9 底板混凝土网裂　　　　　图 2-10 施工节段交界附近的混凝土网裂

2.1.4 底板局部破损

病害特征

底板局部混凝土破损(图 2-11),多存在于腹板以精轧螺纹钢作为竖向预应力筋的正下方,破损处多有精轧螺纹钢外露(图 2-12)甚至脱落(图 2-13),偶尔伴随孔道内积水渗出(图 2-14)。

调查重点

(1) 底板破损位置与竖向预应力筋位置的对应性;

(2) 底板破损邻近区域混凝土有无表层浆体剥落;

(3) 底板破损处混凝土粗集料的断口状态;

(4) 腹板竖向预应力孔道中的浆体情况;

(5) 箱梁有无因竖向预应力失效而出现的其他病害。

图 2-11 局部混凝土破损

图 2-12 混凝土破损伴随竖向预应力筋外露

图 2-13 混凝土破损伴随竖向预应力筋脱出

图 2-14 混凝土破损伴随渗水印迹

2.1.5 底板混凝土浆体剥落

病害特征

底板施工接缝处混凝土表层浆体剥落（图 2-15），有渗水印迹甚至持续渗水，并伴随有白色、黄色渗出物（图 2-16）。

调查重点

（1）箱梁施工接缝附近是否有桥面积水或雨水流经；

（2）箱梁底板上方有无明显积水；

（3）该节段的腹板有无顺预应力孔道的裂缝和渗水印迹；

（4）桥梁自建成至当日平均气温低于 –3℃ 的累计日数；

（5）施工接缝处预应力孔道的连接方式及密封情况；

（6）施工接缝处底板钢筋的锈蚀程度。

图 2-15 接缝处混凝土浆体剥落　　　　图 2-16 接缝处持续渗水,伴随黄色渗出物

2.1.6 底板混凝土浆体脱落

病害特征

底板存在看上去像箱梁混凝土而实际是砂浆甚至净浆的成片脱落现象,多存在于节段施工接缝处或桥梁泄水管一侧的腹板正下方附近,桥面积水或雨水流经区域尤为突出。

调查重点

(1) 浆体脱落区域外露的是混凝土还是木屑、粉尘等杂物(图 2-17);
(2) 脱落的是混凝土表层浆体还是拆模后刮涂在表面的砂浆或净浆(图 2-18);
(3) 浆体脱落区域与附近区域的混凝土回弹强度和碳化深度对比;
(4) 浆体脱落区域的钢筋锈蚀程度。

图 2-17 混凝土浆体脱落处木屑等杂物外露　　图 2-18 刮涂的浆体脱落

2.1.7 底板钢筋锈蚀

病害特征

箱梁底板钢筋锈蚀，多存在于安装泄水管一侧的腹板正下方，有的钢筋间距明显偏小（图 2-19），多伴随混凝土蜂窝等不密实现象（图 2-20），腹板高且有桥面积水或雨水流经的区域尤为突出。

调查重点

（1）底板钢筋锈蚀区域在箱梁长度方向上的分布；
（2）底板钢筋锈蚀区域是否有桥面积水或雨水流经；
（3）底板钢筋锈蚀区域的混凝土是否存在蜂窝等不密实现象；
（4）底板钢筋锈蚀区域是否存在不利于混凝土密实的情况，包括但不限于腹板高度大，钢筋间距小等；
（5）底板钢筋锈蚀区域面积及锈蚀程度。

图 2-19　钢筋锈蚀区域钢筋间距明显偏小　　图 2-20　钢筋锈蚀区域混凝土不密实

2.2 变截面箱梁腹板

2.2.1 腹板混凝土竖缝

1. A 型

病害特征

箱梁腹板局部存在竖缝，间距较小（图 2-21），有的与底板横缝相连（图 2-22），裂缝多呈断续状。

调查重点

(1) 腹板竖缝在箱梁长度方向上的分布；

(2) 腹板竖缝是否在同一腹板的内外侧对应存在；

(3) 竖缝宽度在腹板高度方向上有无明显规律；

(4) 腹板相邻竖缝的间距与腹板竖向钢筋间距的关系；

(5) 与腹板竖缝相连的底板横缝长度；

(6) 腹板竖缝位置是否与竖向钢筋位置对应；

(7) 腹板竖缝处钢筋保护层厚度是否明显偏小；

(8) 腹板竖缝长度、数量、宽度及其发展历史；

(9) 于竖缝处取芯以了解裂缝深度及混凝土开裂的大致龄期；

(10) 箱梁混凝土配合比及混凝土浇筑期耗时；

(11) 箱梁模板材质、刚度及支撑方式。

图 2-21　腹板竖缝（间距较小）　　　图 2-22　腹板竖缝（与底板横缝相连）

2. B 型

病害特征

箱梁腹板局部存在竖缝，有的呈竖直状（图 2-23），有的呈小角度倾斜（图 2-24），在腹板高度方向上裂缝多下宽上窄，腹板竖缝均与底板较长横缝相连。

调查重点

(1) 腹板竖缝在箱梁长度方向上的分布；

(2) 同一横断面上的多个腹板是否都存在类似竖缝；

(3）与腹板竖缝相连的底板横缝是否贯穿整个底板范围；

(4）竖缝宽度在腹板高度上的规律；

(5）腹板竖缝两侧是否存在零星的细小浆体缺失；

(6）腹板竖缝长度、数量、宽度及其发展历史；

(7）于竖缝处取芯以了解裂缝深度及混凝土开裂的大致龄期。

图 2-23　腹板竖缝　　　　　　　图 2-24　腹板小角度倾斜的竖缝

2.2.2 腹板混凝土斜缝

病害特征

在同一节段的箱梁腹板的不同高度上有近乎平行的多条斜缝（图 2-25），有的斜缝跨越相邻节段的施工接缝（图 2-26），该类斜缝较少延伸至底板和翼缘板。

调查重点

(1）存在腹板斜缝的节段在箱梁长度方向上的分布；

(2）同一节段的其他腹板是否也存在类似斜缝；

(3）斜缝表面呈断续状还是连续状；

(4）腹板斜缝的数量、长度、宽度及其发展历史；

(5）腹板竖向和纵向预应力有无明显失效；

(6）于竖缝处混凝土取芯以了解裂缝发生的大致龄期；

(7）该桥的交通荷载组成及有无重载通行的历史；

(8）箱梁横板材质、刚度及腹板内外模板的固定方式。

图 2-25　腹板近乎平行分布的混凝土斜缝　　图 2-26　腹板斜缝跨节段拼缝发展

2.2.3 腹板混凝土纵缝

病害特征

腹板混凝土存在纵缝，多伴随白色渗水印迹（图 2-27），或黄色渗水印迹（图 2-28）。

调查重点

（1）腹板纵缝与箱梁底面的距离；
（2）纵缝是否与腹板水平钢筋或施工冷缝的位置对应；
（3）纵缝处水平钢筋的保护层厚度是否明显偏小；
（4）多条平行的纵缝间距是不是腹板水平钢筋间距的整数倍；
（5）腹板纵缝的数量、宽度、长度及其发展历史；
（6）腹板纵缝渗水印迹位置与竖向预应力孔道的位置关系；
（7）于纵缝处混凝土取芯，查看混凝土是否富浆且粗集料较少。

图 2-27　纵缝并伴随白色渗水印迹　　图 2-28　纵缝并伴随黄色渗水印迹

2.2.4 腹板混凝土渗水

病害特征

腹板混凝土渗水，多伴随有白色或黄色渗出物，有的渗水区域呈竖向（图 2-29），有的呈纵向（图 2-30）。

调查重点

（1）呈竖向的渗水区域是在对拉螺栓孔附近还是在竖缝附近；
（2）呈竖向的渗水区域与竖向预应力孔道的位置关系；
（3）腹板渗水的位置、面积、数量及其发展历史；
（4）腹板呈纵向的渗水区域有无明显的混凝土浇筑冷缝；
（5）腹板竖向预应力孔道内有无明显积水；
（6）腹板竖向预应力筋有无锈蚀；
（7）桥梁所在地区冬季的气温情况。

图 2-29　腹板呈竖向渗水印迹　　　图 2-30　腹板呈纵向渗水印迹

2.3 变截面箱梁顶板

2.3.1 顶板混凝土纵缝

1. A 型

病害特征

顶板混凝土存在纵缝，有的跨越多个施工节段（图 2-31），有的集中于顶板中央附近（图 2-32）。

调查重点

(1) 纵缝在顶板宽度方向上的分布，是否在宽度中部居多；

(2) 纵缝在顶板长度方向上的分布，是否跨越多个施工节段；

(3) 顶板纵缝与顶板纵向钢筋位置的对应关系；

(4) 顶板纵缝有无伴随渗水或渗水印迹；

(5) 顶板纵缝数量、长度、宽度及其发展历史；

(6) 顶板纵缝表面两侧是否有些许不平整；

(7) 表面封缝胶是否有顺纵缝再次开裂的情况。

图 2-31　顶板底面纵缝跨越施工节段

图 2-32　顶板底面宽度中部附近的纵缝

2. B 型

病害特征

箱梁顶板底面靠近腹板区域的混凝土纵缝，多条近乎平行分布（图 2-33），有的长达数米，有的伴随渗水印迹并在施工期就已经发生（图 2-34）。

调查重点

(1) 顶板纵缝呈连续状还是断续状；

(2) 顶板纵缝是否跨越多个施工节段；

(3) 相邻两条纵缝的间距是不是顶板纵向钢筋间距的整数倍；

(4) 顶板纵缝数量、长度、宽度及其发展历史；

(5) 于纵缝处取芯以了解混凝土的抗压强度和裂缝发生的大致龄期；

(6) 箱梁混凝土浇筑的日期和当时的天气情况；

(7) 箱梁顶板底模形式、刚度及支撑方式。

图 2-33 顶板底面靠近腹板区域的纵缝　　图 2-34 靠近腹板区域的纵缝伴随渗水

2.3.2 顶板混凝土渗水

病害特征

箱梁顶板有规律地渗水，多发生于顶板挂篮施工预留孔处（图 2-35）或提挂千斤顶预留孔处（图 2-36），有的伴随黄色或红色的渗出物。

调查重点

（1）顶板渗水区域与顶板施工预留孔位置的对应性；
（2）顶板预留孔是否未实施有效封堵；
（3）顶板预留孔是内衬管成孔还是水钻成孔；
（4）顶板渗水位置、数量及其发展历史；
（5）顶板渗水区域的钢筋锈蚀程度；
（6）桥面沥青铺装是否有坑槽、网裂等病害。

图 2-35 顶板挂篮施工预留孔处渗水　　图 2-36 顶板提挂千斤顶预留孔处渗水

2.4 变截面箱梁翼缘板

2.4.1 翼缘板混凝土纵缝

病害特征

箱梁翼缘板纵缝,多发生于翼缘板根部(图2-37),有的是多条纵缝近乎平行分布(图2-38),多伴随渗水印迹,有的还持续渗水。

调查重点

(1) 同一施工节段的翼缘板是否都存在该类纵缝;
(2) 存在翼缘板纵缝的施工节段在箱梁长度上的分布;
(3) 翼缘板纵缝在跨越相邻节段的施工缝处是否连续;
(4) 翼缘板底面的模板形式、刚度及支撑方式;
(5) 翼缘板纵缝的数量、长度和宽度及其发展历史;
(6) 于翼缘板纵缝处取芯以了解混凝土裂缝发生的大致龄期;
(7) 翼缘板纵缝区域正上方的沥青铺装有无明显纵缝等病害;
(8) 箱梁挂篮的刚度及混凝土浇筑的对称与否。

图 2-37 翼缘板根部纵缝伴随渗水印迹　　图 2-38 翼缘板多条纵缝伴随渗水印迹

2.4.2 翼缘板混凝土斜缝

病害特征

箱梁翼缘板斜缝,有的仅有一条(图2-39),有的多条近乎平行分布(图2-40),斜缝与腹板和翼缘板界线的夹角大多不超过45°,多伴随渗水印迹或持续渗水。

调查重点

(1) 同一施工节段的翼缘板是否都存在该类斜缝；
(2) 存在翼缘板斜缝的施工节段在箱梁长度上的分布；
(3) 翼缘板斜缝在跨越相邻节段的施工缝处是否连续；
(4) 翼缘板斜缝数量、长度、宽度及其发展历史；
(5) 翼缘板斜缝所在节段混凝土施工的日期及天气情况；
(6) 翼缘板底面的模板形式、刚度及支撑方式；
(7) 于翼缘板斜缝处取芯以了解混凝土裂缝发生的大致龄期；
(8) 翼缘板斜缝区域正上方的沥青铺装有无明显斜缝等病害；
(9) 箱梁挂篮的刚度及混凝土浇筑的对称与否。

图 2-39 翼缘混凝土斜缝

图 2-40 翼缘板混凝土斜缝伴随渗水

2.4.3 翼缘板混凝土破损

病害特征

箱梁翼缘板局部破损，多发生于有施工预留孔的翼缘板根部，多伴随渗水印迹或持续渗水（图 2-41），破损处有较大面积的混凝土剥落，剥落深度一般不超过该区域的钢筋保护层厚度（图 2-42）。

调查重点

(1) 同一施工节段的翼缘板是否都存在该类破损；
(2) 存在翼缘板破损的施工节段在箱梁长度上的分布；
(3) 翼缘板破损处的施工预留孔成孔方式；
(4) 翼缘板破损的位置、面积及其发展历史；

(5) 翼缘板破损处的施工预留孔是否真正使用过。

图 2-41　预留孔周边混凝土破损

图 2-42　预留孔周边钢筋保护层混凝土剥落

2.5 变截面箱梁齿块

2.5.1 锚垫板碎裂

病害特征

梁内齿块上的锚垫板碎裂（图 2-43），有的锚下混凝土有裂缝，有的没有明显的裂缝（图 2-44），锚具下增设的厚钢板周边有明显翘曲（图 2-45）。

图 2-43　齿块处锚垫板碎裂

图 2-44　碎裂处齿块侧面混凝土无裂缝

图 2-45　齿块端部增设的钢板周边翘曲

调查重点

（1）锚具横断面、孔道横断面与锚垫板的尺寸是否匹配；

（2）锚下混凝土是否存在明显的蜂窝、空洞等不密实现象；

（3）锚下螺旋筋、加强钢筋等的配置是否符合实际需要；

（4）锚垫板材质及尺寸是否符合设计要求；

（5）齿块混凝土裂缝是否贯穿粗集料。

2.5.2 齿块封锚混凝土渗水

病害特征

封锚混凝土与齿块接缝处渗水，有的存在于齿块处的顶板（图 2-46），有的存在于齿块端面与封锚混凝土的接合面（图 2-47），多伴随白色、黄色或红色的渗出物。

调查重点

（1）齿块封锚渗水区域正上方的顶板是否有施工预留孔；

（2）箱梁顶板的施工预留孔是否未进行有效封堵；

（3）齿块底面和侧面的混凝土上是否有顺预应力孔道的裂缝；

（4）齿块封锚混凝土渗水位置、区域、面积及其发展历史；

（5）齿块侧面钻孔查看预应力孔道内浆体情况。

图 2-46　齿块处顶板渗水

图 2-47　齿块与封锚混凝土界面渗水

2.5.3 齿块混凝土斜缝

病害特征

齿块混凝土的斜缝,有的存在于侧面(图 2-48),有的存在于端面(图 2-49),一般有多条,裂缝多且呈辐射状,以锚下附近为源点向远离锚具的方向辐射。

调查重点

(1) 同一节段上齿块混凝土存在斜缝的分布;
(2) 有斜缝的齿块在箱梁长度方向上的分布;
(3) 齿块混凝土斜缝表面呈连续状还是断续状;
(4) 齿块混凝土斜缝数量、长度、宽度及其发展历史;
(5) 齿块与箱梁腹板混凝土的回弹强度对比。

图 2-48 齿块侧面斜缝

图 2-49 齿块端面斜缝

3 空心板梁

3.1 空心板梁底板

3.1.1 底板混凝土横缝

1. A 型

病害特征

现浇空心板梁底板的较长横缝，多分布于 $L/4 \sim 3L/4$ 范围内，有的横缝止于腹板正下方（图 3-1），腹板竖缝多不与底板横缝相连（图 3-2）。

调查重点

（1）底板相邻横缝间的距离是不是底板横向钢筋间距的整数倍；

（2）底板横缝是否位于底板横向钢筋的正下方；

（3）底板横缝处钢筋的保护层厚度是否明显偏小；

（4）底板横缝表面的封缝胶有无沿裂缝开裂；

（5）底板横缝处的钢筋锈蚀情况；

（6）与底板横缝同一横断面的腹板上有无竖缝；

（7）底板横缝数量、长度、宽度及其发展历史；

（8）腹板竖缝是否位于竖向钢筋的正外侧；

（9）于底板横缝处混凝土取芯以了解裂缝发生的大致龄期。

图 3-1 底板横缝止于腹板正下方　　图 3-2 底板横缝不与腹板竖缝相连

2. B 型

病害特征

现浇空心板梁底板有大量较短的横缝（图 3-3），全梁底板均有分布，有的底板边缘区域尤为密集（图 3-4）。

调查重点

(1) 底板横缝呈连续状还是断续状；
(2) 底板相邻横缝之间的距离与底板横向钢筋间距的关系；
(3) 与底板横缝同一横断面的腹板上有无竖缝；
(4) 底板横缝表面的封缝胶有无沿裂缝开裂；
(5) 底板横缝处的钢筋保护层厚度是否明显偏小；
(6) 底板横缝处的钢筋锈蚀情况；
(7) 空心板梁模板及支撑方式；
(8) 底板横缝的数量、长度、宽度及其发展历史；
(9) 空心板梁混凝土浇筑期间的天气及连续浇筑时间；
(10) 于底板横缝处混凝土取芯以了解裂缝发生的大致龄期。

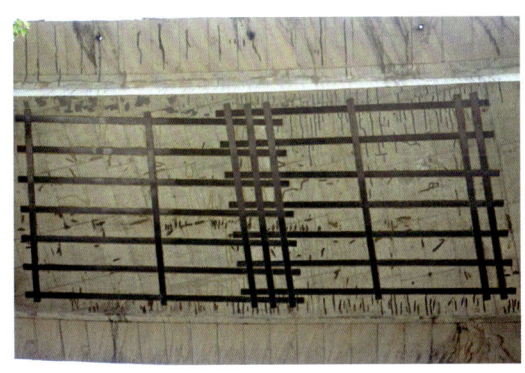

图 3-3　底板的大量短横缝　　　　图 3-4　底板边缘大量的短横缝

3.1.2　底板混凝土纵缝

1. A 型

病害特征

等截面空心板梁底板出现纵缝，有的空腔下方仅有一条（图 3-5），有的空腔下方有多条呈平行状态分布（图 3-6），有的纵缝长度与梁长度接近。

调查重点

（1）纵缝在底板宽度方向上的分布；

（2）存在底板纵缝的桥跨在全桥中的占比及分布；

（3）底板纵缝处尤其是多条纵缝平行分布的区域底板厚度是否明显偏薄；

（4）底板纵缝表面的封缝胶有无沿裂缝开裂；

（5）底板纵缝数量、长度、宽度及其发展历史；

（6）底板纵缝集中的区域是否在重车轮迹带附近；

（7）空心板梁所在路线的交通量及荷载组成。

图 3-5　空心板梁空腔下的混凝土纵缝

图 3-6　空心板梁空腔下的多条混凝土纵缝

2. B 型

病害特征

变截面空心板梁底板的纵缝，多分布于空心板梁的空腔正下方区域（图 3-7），多条纵缝近乎平行分布并伴随钢筋明显锈蚀（图 3-8）。

调查重点

（1）纵缝在底板宽度方向上的分布；

（2）存在底板纵缝的桥跨在全桥中的占比及分布；

（3）底板最外侧钢筋的长度方向及锈蚀情况；

（4）相邻纵缝之间的距离与底板钢筋间距的关系；

（5）底板纵缝数量、长度、宽度及其发展历史；

（6）用小铁锤敲击底板多条纵缝区域查看混凝土有无疏松回声；

(7) 于底板多条纵缝区域取芯以了解内模材质及混凝土密实情况。

图 3-7 空心板梁空腔下的混凝土纵缝

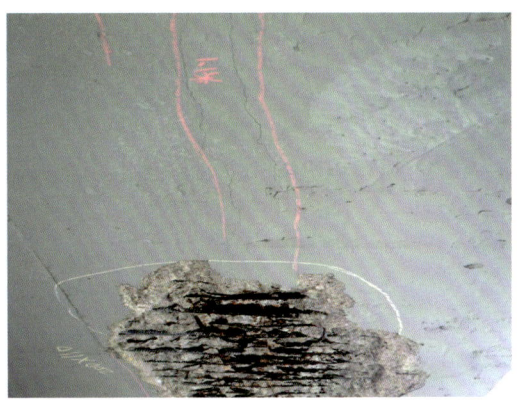
图 3-8 混凝土纵缝伴随钢筋锈蚀

3.1.3 底板混凝土渗水

1. A 型

病害特征

等截面空心板梁底板出现带状渗水，有的存在于主线桥上（图 3-9），有的存在于匝道桥上（图 3-10），多呈纵向断续分布，多伴随白色渗出物。

图 3-9 主线桥底板混凝土渗水

图 3-10 匝道桥底板混凝土渗水

调查重点

(1) 纵向渗水区域在底板宽度上的分布；
(2) 渗水区域是否都存在于空腔正下方；

(3) 渗水区域底板厚度是否明显偏薄；

(4) 渗水区域是否有混凝土纵缝；

(5) 底板渗水位置、面积及其发展历史；

(6) 于渗水处钻孔查看空腔内是否有积水；

(7) 空心板梁所在路线的交通量及荷载组成。

2. B 型

病害特征

变截面空心板梁底板渗水，多分布于空心板梁的空腔正下方区域，多伴随黄色或红色渗出物（图 3-11），甚至保护层混凝土脱落（图 3-12）。

调查重点

(1) 纵向渗水区域在底板宽度方向上的分布；

(2) 纵向渗水区域在底板长度方向上的分布；

(3) 存在底板渗水的桥跨在全桥的占比及分布；

(4) 用小铁锤敲击纵向渗水区域的混凝土以查看有无疏松回声；

(5) 纵向渗水区域混凝土是否明显偏薄；

(6) 底板纵向渗水位置、面积及其发展历史；

(7) 于纵向渗水区域取芯以了解内模材质及周边情况；

(8) 桥面沥青铺装有无坑槽等病害。

 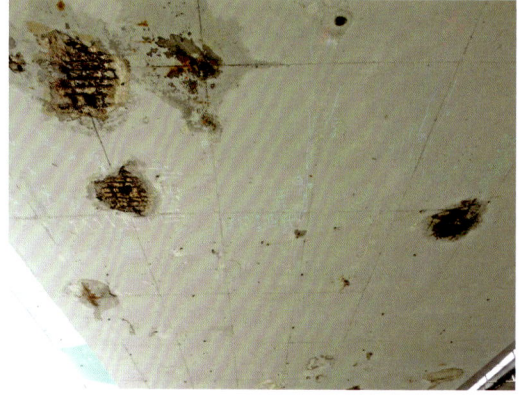

图 3-11　底板渗水伴随红色渗出物　　图 3-12　底板混凝土渗水伴随混凝土脱落

3.1.4 底板钢筋锈蚀

病害特征

变截面空心板梁的底板钢筋锈蚀，多分布于空心板梁的空腔正下方区域（图 3-13），多伴随渗水和保护层混凝土大面积脱落，严重的钢筋已完全锈蚀（图 3-14）。

调查重点

（1）钢筋锈蚀区域在底板宽度方向上的分布；
（2）底板两层钢筋的锈蚀程度有无明显差异；
（3）钢筋锈蚀区域的混凝土是否明显偏薄；
（4）用小铁锤敲击钢筋锈蚀区域的混凝土查看有无疏松回声；
（5）于钢筋锈蚀区域的混凝土取芯以了解内模材质及密实情况；
（6）底板钢筋锈蚀程度、位置、面积及其发展历史；
（7）孔道内的钢绞线是否有明显锈蚀；
（8）桥面沥青铺装有无坑槽等病害。

 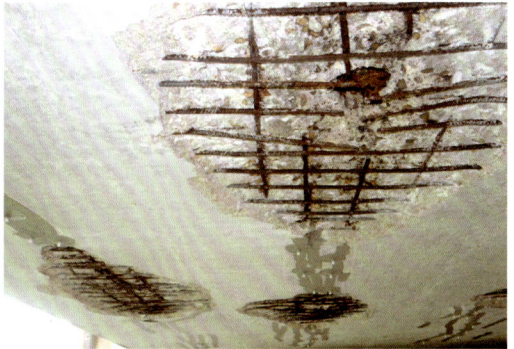

图 3-13　底板空腔正下方区域的钢筋锈蚀　　图 3-14　底板局部钢筋完全锈蚀

3.2 空心板梁腹板

3.2.1 腹板混凝土竖缝

1. A 型

病害特征

现浇空心板梁腹板存在竖缝，有的伴随少量的底板横缝（图 3-15），有的底板横缝遍布全梁（图 3-16）。

> **调查重点**

（1）腹板竖缝在梁长度方向上的分布；
（2）腹板竖缝最大宽度在梁长度方向上的分布；
（3）腹板竖缝与腹板竖向钢筋位置的对应关系；
（4）腹板竖缝处竖向钢筋的保护层厚度及钢筋锈蚀情况；
（5）腹板竖缝与底板横缝是否连成 U 型或 L 型缝；
（6）腹板竖缝表面的封缝胶有无沿裂缝开裂；
（7）腹板竖缝数量、长度、宽度及其发展历史；
（8）于腹板竖缝处混凝土取芯以了解裂缝发生的大致龄期；
（9）现浇空心板梁的模板支撑方式、混凝土浇筑日期及耗时。

图 3-15　腹板竖缝，底板横缝较少

图 3-16　腹板竖缝，底板横缝较多

2. B 型

> **病害特征**

现浇空心板梁腹板竖缝，多分布于 $L/4 \sim 3L/4$ 范围内（图 3-17），多有底板横缝与之相连（图 3-18）。

> **调查重点**

（1）腹板竖缝在梁长度方向上的分布；
（2）竖缝宽度在腹板高度方向上的分布；
（3）腹板竖缝呈断续状还是连续状；
（4）腹板底部竖缝两侧表层浆体是否完整；

(5) 与腹板竖缝相连的底板横缝呈断续状还是连续状；

(6) 腹板竖缝与腹板竖向钢筋位置的对应关系；

(7) 腹板竖缝处竖向钢筋的保护层厚度及钢筋锈蚀情况；

(8) 腹板竖缝表面的封缝胶有无沿着裂缝开裂；

(9) 腹板竖缝的数量、长度、宽度及其发展历史；

(10) 于腹板竖缝处混凝土取芯以了解裂缝发生的大致龄期。

图 3-17 腹板竖缝多分布于跨中区域

图 3-18 底板横缝与腹板竖缝相连

3.2.2 腹板混凝土纵缝

1. A 型

病害特征

现浇空心板梁存在腹板纵缝，裂缝长达数米甚至与梁长度相当（图 3-19），多是数条纵缝近乎平行分布（图 3-20）。

调查重点

(1) 同一跨空心板梁的腹板是否都存在类似纵缝；

(2) 存在腹板纵缝的桥跨在全桥的占比和分布；

(3) 腹板纵缝呈连续状还是断续状以及最大缝宽；

(4) 腹板纵缝的最大宽度在梁长度方向上有无规律；

(5) 腹板纵缝两侧混凝土有无明显的不平整现象；

(6) 腹板纵缝与预应力孔道的位置关系；

(7) 腹板纵缝的数量、长度、宽度及其发展历史；

(8) 靠近腹板纵缝的孔道内钢绞线数量和孔道压浆情况；

(9) 空心板梁模板、支撑方式和混凝土浇筑日期及耗时。

图 3-19　腹板近乎通长的纵缝

图 3-20　腹板多条近乎平行的纵缝

2. B 型

病害特征

现浇空心板梁腹板顺孔道的纵缝，有的在梁端附近（图 3-21），有的延续到跨中（图 3-22），有时纵缝区域伴随白色渗出物。

图 3-21　梁端腹板顺孔道纵缝

图 3-22　腹板顺孔道纵缝延续至跨中

调查重点

(1) 腹板纵缝在空心板梁长度方向上的分布；

(2) 腹板纵缝处是否伴随渗出物及其颜色；

(3) 腹板纵缝呈连续状还是断续状以及表面最大缝宽；

(4) 跨中附近有无近乎贯穿底板宽度的横缝；

(5) 腹板纵缝附近的预应力钢绞线锈蚀情况和孔道内浆体情况；

(6) 腹板纵向孔道内钢绞线数量和孔道压浆情况；

(7) 预应力孔道压浆完成后前 7 天的气温情况；

(8) 自桥梁建成至今，当地的极端低温和日平均气温低于 –3°C的累计日数。

3. C 型

病害特征

现浇空心板梁腹板纵缝，多存在于梁端，数条近乎平行（图 3-23），有的裂缝长度超过腹板高度（图 3-24）。

图 3-23　梁端腹板近乎水平的多条纵缝　　图 3-24　梁端腹板纵缝较长

调查重点

(1) 纵缝在腹板长度方向上的分布；

(2) 纵缝在腹板高度方向上的分布；

(3) 腹板纵缝的最大宽度在腹板长度方向上的分布；

(4) 腹板纵缝呈连续状还是断续状；

(5) 腹板纵缝与预应力孔道位置的对应性；

(6) 腹板纵缝区域是否伴随有混凝土网裂；

(7) 纵缝区域的预应力孔道是否存在不顺直现象；

(8) 用小铁锤敲击纵缝区域混凝土以查看是否有空鼓回声；

(9) 纵缝区域与临近区域混凝土的的回弹强度及碳化深度对比。

3.2.3 腹板混凝土斜缝

病害特征

现浇空心板梁腹板斜缝（图 3-25），多存在于梁端，有的伴随白色渗出物（图 3-26），裂缝长度一般不超过梁的腹板高度。

调查重点

（1）斜缝在腹板高度方向上的分布；
（2）腹板斜缝的最大宽度及缝宽在高度上的变化规律；
（3）腹板斜缝呈连续状还是断续状；
（4）腹板斜缝处是否持续渗水及水源；
（5）腹板斜缝附近孔道内钢绞线数量和孔道压浆情况；
（6）现浇空心板梁混凝土浇筑完成后前 7 天的天气情况；
（7）斜缝处腹板的厚度、锚下钢筋配置等设计资料；
（8）于腹板斜缝处混凝土取芯以了解混凝土的抗压强度和裂缝发生的大致龄期。

图 3-25　梁端腹板斜缝　　　　　　图 3-26　梁端腹板斜缝伴随渗水印迹

3.2.4 梁端腹板局部破损

病害特征

现浇空心板梁腹板混凝土破损，多发生在靠近背墙的梁端腹板（图 3-27），往往有较大面积的混凝土脱落。

调查重点

(1) 破损处混凝土中的粗集料分布是否均匀；
(2) 破损处混凝土粗集料是断裂还是完好；
(3) 破损处梁端与背墙之间有无混凝土等硬物填塞（图 3-28）；
(4) 高温季节伸缩缝型钢间隙是否有明显偏小或挤紧的情况；
(5) 以桥梁建成至今的年最大温差；
(6) 空心板梁所在路线的交通量及荷载组成。

图 3-27　腹板局部混凝土破损　　　　图 3-28　梁端与背墙之间填塞混凝土

3.2.5　腹板钢筋锈蚀

病害特征

腹板局部钢筋明显锈蚀，多存在于梁端（图 3-29），并伴随较大面积的混凝土脱落（图 3-30）。

调查重点

(1) 钢筋锈蚀区域脱落的浆体是混凝土表层的还是刮涂的砂浆；
(2) 钢筋锈蚀区域的钢筋保护层厚度是否明显偏小，甚至露筋；
(3) 钢筋锈蚀区域是否有桥面积水或雨水流经；
(4) 钢筋锈蚀位置、面积及其发展历史；
(5) 翼缘板边缘是否未设置阻止雨水流至翼缘板和腹板的构造；
(6) 钢筋锈蚀区域与临近区域的混凝土回弹强度及碳化深度对比。

图 3-29　梁端腹板钢筋锈蚀

图 3-30　梁端钢筋锈蚀伴随大面积混凝土剥落

3.3 空心板梁翼缘板

3.3.1 翼缘板混凝土横缝

病害特征

翼缘板混凝土的横缝，多存在于梁端附近（图3-31），裂缝长度多与翼缘板宽度相当，有时伴随有白色渗出物（图3-32）。

图 3-31　梁端附近翼缘板横缝

图 3-32　翼缘板横缝伴随渗水印迹

调查重点

（1）翼缘板横缝在空心板梁长度方向上的分布；

(2) 翼缘板横缝是否伴随渗水印迹或持续渗水；

(3) 翼缘板横缝表面两侧是否平整；

(4) 翼缘板横缝呈连续状还是断续状；

(5) 翼缘板横缝处钢筋保护层厚度是否明显偏小；

(6) 空心板梁跨中底板是否有贯穿底板宽度的横缝；

(7) 翼缘板横缝数量、长度、宽度及其发展历史。

3.3.2 翼缘板混凝土纵缝

病害特征

翼缘板混凝土的纵缝，多存在于翼缘板根部附近，往往是多条近乎平行分布（图3-33），有的纵缝长度长达数米（图3-34）。

图 3-33　翼缘板局部纵缝　　　　　图 3-34　翼缘板较长纵缝

调查重点

（1）纵缝在翼缘板长度方向上的分布；

（2）纵缝在翼缘板宽度方向上的分布；

（3）翼缘板纵缝处有无明显的白色或黄色渗出物；

（4）翼缘板纵缝两侧是否有明显的不平整现象；

（5）翼缘板纵缝处钢筋保护层厚度是否明显偏小；

（6）翼缘板纵缝处钢筋有无明显锈蚀；

（7）翼缘板相邻纵缝的间距是否小于翼缘板纵向钢筋的间距；

(8) 翼缘板纵缝数量、长度、宽度及其发展历史；

(9) 翼缘板模板材质及刚度；

(10) 纵缝区域与临近区域的混凝土回弹强度及碳化深度对比；

(11) 纵缝区域正上方的桥面沥青铺装有无明显的纵缝。

3.3.3 翼缘板混凝土斜缝

病害特征

空心板梁翼缘板的混凝土斜缝，多始于梁端翼缘板根部并向跨中的翼缘板外侧方向发展，有的裂缝较长（图 3-35），有的裂缝较短（图 3-36），多伴随渗水印迹。

调查重点

(1) 斜缝在翼缘板长度方向上的分布；

(2) 斜缝在翼缘板宽度方向上的分布；

(3) 翼缘板斜缝两侧是否有明显的不平整现象；

(4) 翼缘板斜缝是否有持续渗水现象及水源；

(5) 梁端腹板孔道内钢绞线数量及孔道压浆质量；

(6) 翼缘板斜缝数量、长度、宽度及其发展历史；

(7) 梁端翼缘板根部混凝土厚度及钢筋配置；

(8) 桥面沥青铺装有无明显的斜缝。

图 3-35　梁端翼缘板出现较长斜缝

图 3-36　梁端翼缘板出现较长范围的短斜缝

3.3.4 翼缘板混凝土渗水

病害特征

现浇空心板梁翼缘板局部渗水，渗水区域颜色较深（图 3-37），有的伴随白色渗出物或保护层范围的混凝土浆体脱落（图 3-38）。

调查重点

（1）渗水区域在翼缘板长度方向上的分布；
（2）渗水区域在翼缘板宽度方向上的分布；
（3）存在翼缘板渗水的桥跨在全桥的占比及分布；
（4）翼缘板渗水明显的时间与当地降雨时间的对应性；
（5）翼缘板渗水区域钢筋的保护层厚度是否明显偏小；
（6）翼缘板渗水区域的钢筋锈蚀程度；
（7）渗水区域与临近区域混凝土的回弹强度及碳化深度对比；
（8）用小铁锤敲击渗水区域的混凝土以查看有无空鼓回声；
（9）于无渗水区域的翼缘板混凝土取样以测试其氯离子浓度；
（10）翼缘板边缘是否有阻止雨水流经翼缘板的构造措施；
（11）空心板梁所在地区的降雨、冬季气温及撒布融雪剂情况。

图 3-37 翼缘板局部渗水

图 3-38 翼缘板渗水区域混凝土脱落

3.3.5 翼缘板钢筋锈蚀

病害特征

现浇空心板梁翼缘板的钢筋锈蚀，局部伴随混凝土表层浆体脱落（图 3-39），甚至存在较大面积的保护层混凝土整体剥落并伴随混凝土渗水（图 3-40）。

> **调查重点**

（1）钢筋锈蚀区域在翼缘板长度方向上的分布；

（2）钢筋锈蚀区域在翼缘板宽度方向上的分布；

（3）钢筋锈蚀区域的钢筋保护层厚度是否明显偏小，甚至露筋；

（4）钢筋锈蚀区域与邻近区域混凝土的回弹强度及碳化深度对比；

（5）用小铁锤敲击钢筋锈蚀区域的混凝土以查看有无疏松或空鼓回声；

（6）钢筋锈蚀区域是否有桥面积水或雨水流经；

（7）空心板梁所在地区的降雨量、冬季气温和撒布融雪剂情况。

图 3-39 翼缘板钢筋锈蚀伴随混凝土脱落　　图 3-40 翼缘板钢筋锈蚀伴随混凝土渗水

4 盖梁 / 台帽

4.1 盖梁侧面

4.1.1 侧面混凝土竖缝

病害特征

盖梁侧面存在竖缝，竖缝长短不一（图 4-1），有的竖缝贯穿整个盖梁高度（图 4-2），一般有盖梁顶面短横缝与该类竖缝相连（图 4-3）。

调查重点

（1）侧面竖缝在盖梁长度方向上的分布；

（2）侧面竖缝在盖梁高度方向上的分布；

（3）侧面竖缝宽度在盖梁高度方向上的分布；

（4）侧面竖缝呈连续状还是断续状；

（5）盖梁顶面是否平整以及是否可见粗集料均匀分布；

（6）侧面竖缝表面两侧是否平顺；

（7）与侧面竖缝相连的顶面横缝长度；

（8）侧面竖缝处竖向钢筋的保护层厚度是否明显偏小；

（9）盖梁混凝土总用量、浇筑天气情况及浇筑耗时。

图 4-1 侧面混凝土竖缝长短不一

图 4-2 侧面混凝土竖缝贯穿盖梁高度

图 4-3 侧面混凝土竖缝与顶面横缝相连

4.1.2 侧面混凝土纵缝

1. A 型

病害特征

盖梁侧面的纵缝,一般存在于盖梁侧面最上层水平钢筋附近,有的纵缝呈连续状(图 4-4),有的呈断续状(图 4-5)。

调查重点

(1) 侧面纵缝在盖梁长度方向上的分布;

(2) 侧面纵缝呈断续状还是连续状;

(3) 侧面纵缝之下是否伴随短竖缝;

(4) 侧面纵缝的最大缝宽是否远超过 0.2mm;

(5) 侧面纵缝处钢筋保护层厚度是否明显偏小;

(6) 侧面纵缝上下混凝土的回弹强度及碳化深度对比;

(7) 侧面纵缝上下混凝土表面光滑程度对比;

(8) 盖梁顶面有无网裂或顺着最上层钢筋长度的裂缝;

(9) 侧面纵缝数量、长度、宽度及其发展历史;

(10) 于侧面纵缝处混凝土取芯以了解裂缝发生的大致龄期。

图 4-4 侧面顶部混凝土连续状纵缝　　图 4-5 侧面顶部混凝土断续状纵缝

2. B 型

病害特征

盖梁侧面的纵缝,多存在于盖梁侧面的顶部区域,有的只有一条纵缝(图 4-6),

有的多条平行纵缝（图 4-7）。

> **调查重点**

（1）侧面纵缝在盖梁高度方向上的分布；

（2）侧面纵缝呈断续状还是连续状；

（3）相邻纵缝的间距是不是盖梁侧面水平钢筋间距的整数倍；

（4）侧面纵缝的最大缝宽及裂缝两侧混凝土是否平顺；

（5）侧面纵缝处钢筋保护层厚度是否明显偏小；

（6）侧面纵缝数量、长度、宽度及其发展历史；

（7）侧面纵缝处钢筋的锈蚀程度。

图 4-6　侧面顶部混凝土纵缝

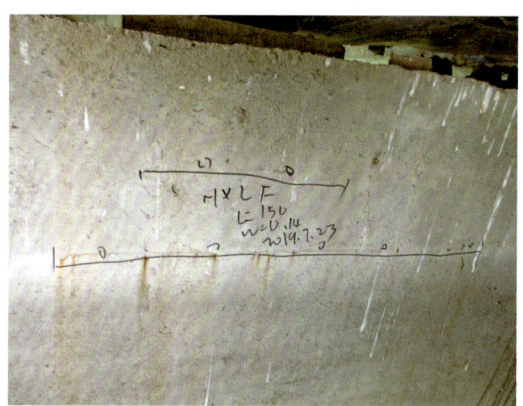
图 4-7　侧面顶部混凝土多条平行纵缝

3. C 型

> **病害特征**

盖梁侧面存在纵缝，几乎在整个高度方向上均有分布（图 4-8），有的多发于桥面积水流经区域（图 4-9）。

> **调查重点**

（1）侧面纵缝在盖梁高度方向上的分布；

（2）相邻纵缝的间距是不是盖梁侧面水平钢筋间距的整数倍；

（3）侧面纵缝处钢筋保护层厚度是否明显偏小；

（4）侧面纵缝处是否伴随混凝土脱落；

（5）侧面纵缝处钢筋的锈蚀程度；

(6) 侧面纵缝数量、长度、宽度及其发展历史；

(7) 侧面纵缝区域是否有桥面积水或雨水流经。

图 4-8　侧面混凝土上的多条纵缝　　　图 4-9　侧面混凝土多条纵缝且有水流经

4.1.3 侧面混凝土网裂

病害特征

盖梁侧面的网裂，有的分布于盖梁的某一端（图 4-10），有的分布于盖梁侧面顶部区域（图 4-11），多伴随白色渗出物。

图 4-10　侧面端部网裂并伴随白色渗出物　　　图 4-11　侧面顶部网裂并伴随白色渗出物

调查重点

(1) 侧面网裂在盖梁长度方向上的分布；

(2) 侧面网裂在盖梁高度方向上的分布；

(3) 侧面网裂附近的盖梁顶面有无类似裂缝；

(4) 侧面有没有顺浇筑界面形成的较长纵缝，以及纵缝之下有无小间距的短竖缝；

(5) 网裂区域与邻近区域的混凝土回弹强度及碳化深度对比；

(6) 侧面网裂的裂缝呈连续状还是断续状；

(7) 侧面网裂位置、面积、缝宽及其发展历史；

(8) 于侧面网裂处混凝土取芯以了解裂缝发生的大致龄期。

4.1.4 侧面混凝土浆体剥落

1. A 型

病害特征

盖梁侧面混凝土浆体剥落，有的伴随露筋（图 4-12），有的粗集料外露（图 4-13），多存在于桥面横坡坡脚正下方。

调查重点

(1) 侧面混凝土浆体剥落在盖梁长度方向上的分布；

(2) 浆体剥落区域附近的盖梁顶面有无类似问题；

(3) 混凝土浆体剥落区域有无桥面积水或雨水流经；

(4) 靠近和远离浆体剥落区域的混凝土回弹强度和碳化深度对比；

(5) 侧面混凝土浆体剥落位置、面积、深度及其发展历史；

(6) 桥梁所在地区冬季气温情况及融雪剂撒布情况。

图 4-12 混凝土浆体剥落伴随露筋

图 4-13 混凝土浆体剥落伴随粗集料外露

2. B型

病害特征

盖梁侧面混凝土浆体剥落，多存在于侧面上半部分，有的伴随露筋（图4-14），有的伴随盖梁顶面混凝土脱落（图4-15）。

调查重点

（1）侧面混凝土浆体剥落在盖梁长度方向上的分布；

（2）侧面混凝土浆体剥落在盖梁高度方向上的分布；

（3）浆体剥落附近的盖梁顶面有无更严重的浆体剥落或脱落现象；

（4）混凝土浆体剥落区域有无桥面积水或雨水流经；

（5）浆体剥落处有明显差异的界线上下，浆体尚完好区域的混凝土回弹强度和碳化深度对比；

（6）侧面混凝土浆体剥落位置、面积、深度及其发展历史；

（7）桥梁所在地区冬季气温情况及融雪剂撒布情况。

图4-14 上半部分混凝土浆体剥落伴随露筋　　图4-15 上半部分浆体剥落及顶面混凝土脱落

4.1.5 侧面钢筋锈蚀

病害特征

盖梁侧面钢筋的锈蚀，有的分布于盖梁端部（图4-16），钢筋保护层范围内混凝土发生顺筋开裂（图4-17），甚至存在较大面积的剥落。

调查重点

(1) 钢筋锈蚀在盖梁侧面长度方向上的分布；

(2) 钢筋锈蚀在盖梁侧面高度方向上的分布；

(3) 钢筋锈蚀区域的钢筋保护层是否明显偏小甚至露筋；

(4) 与混凝土剥落区域相邻的区域有无顺钢筋长度的裂缝；

(5) 混凝土浆体剥落区域有无桥面积水或雨水流经；

(6) 侧面钢筋锈蚀位置、面积和顺筋裂缝及其发展历史。

图 4-16　端部侧面钢筋锈蚀

图 4-17　侧面钢筋锈蚀并伴随顺筋裂缝

4.2　盖梁端面

4.2.1　端面混凝土浆体剥落

病害特征

盖梁端面混凝土存在浆体剥落，集料裸露（图 4-18），有的剥落程度上下差异明显（图 4-19）。

调查重点

(1) 混凝土浆体剥落在端面高度上的分布；

(2) 浆体剥落区域是否有桥面积水或雨水流经；

(3) 浆体剥落有明显差异的界线上下，浆体尚完好区域的混凝土回弹强度和碳化深度对比；

（4）端面混凝土浆体剥落位置、面积、深度及其发展历史；

（5）桥梁所在地区冬季气温情况及融雪剂撒布情况。

图 4-18　端部混凝土浆体剥落　　　　图 4-19　端部混凝土浆体剥落上下差异明显

4.2.2 端面钢筋锈蚀

病害特征

盖梁端面的钢筋锈蚀，有的伴随顺钢筋长度方向的裂缝（图 4-20），多伴随钢筋保护层混凝土的较大面积剥落（图 4-21）。

图 4-20　端面钢筋锈蚀伴随顺筋裂缝　　　　图 4-21　端面钢筋锈蚀伴随混凝土剥落

调查重点

（1）钢筋锈蚀区域是否有桥面积水或雨水流经；

（2）钢筋锈蚀区域的钢筋保护层厚度是否明显偏小甚至露筋；

(3) 钢筋锈蚀区域混凝土粗集料是否有明显断口；
(4) 钢筋锈蚀的位置、面积及混凝土剥落及其发展历史；
(5) 桥梁所在地区冬季气温情况及融雪剂撒布情况。

4.3 盖梁斜坡面

4.3.1 斜坡面混凝土脱落

病害特征

盖梁斜坡面局部存在混凝土脱落（图 4-22），有的是表层浆体脱落（图 4-23），多伴随露筋。

调查重点

(1) 混凝土脱落区域是否有蜂窝等不密实现象；
(2) 混凝土脱落区域粗集料的完整性；
(3) 混凝土脱落区域是否有桥面积水或雨水流经；
(4) 混凝土脱落区域的钢筋是否明显锈蚀；
(5) 混凝土脱落区域的位置、面积及其深度发展历史；
(6) 桥梁所在地区冬季气温情况及融雪剂撒布情况。

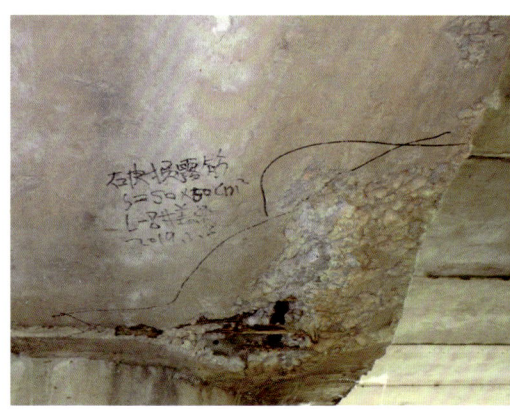 

图 4-22 斜坡面混凝土脱落，伴随蜂窝　　图 4-23 斜坡面浆体脱落，伴随露筋

4.3.2 斜坡面钢筋锈蚀

病害特征

盖梁斜坡面的钢筋锈蚀（图 4-24），多伴随顺最外侧钢筋长度方向的混凝土剥落（图 4-25）或保护层混凝土的较大面积剥落。

调查重点

(1) 钢筋锈蚀区域的钢筋保护层厚度是否明显偏小，甚至露筋；
(2) 钢筋锈蚀区域是否有桥面积水或雨水流经；
(3) 钢筋锈蚀区域附近有无顺钢筋长度方向的裂缝；
(4) 钢筋保护层混凝土是否粗集料极少；
(5) 钢筋锈蚀程度；
(6) 钢筋锈蚀区域位置、面积及混凝土剥落深度及其发展历史；
(7) 桥梁所在地区冬季气温情况及融雪剂撒布情况。

图 4-24　斜坡面钢筋锈蚀　　　　图 4-25　斜坡面钢筋锈蚀伴随混凝土剥落

4.4 盖梁顶面

4.4.1 顶面与侧面的 L 形缝

病害特征

盖梁顶面的横缝，多贯穿整个盖梁顶面宽度，多有侧面竖缝与之相连（图 4-26），侧面竖缝有长有短。

> **调查重点**

（1）顶面横缝在盖梁长度方向上的分布；

（2）顶面横缝最大宽度及其连续性；

（3）盖梁顶面是否平整且有明显凸出的粗集料（图 4-27）；

（4）盖梁顶面混凝土是否可见均匀分布的粗集料；

（5）与顶面横缝相连的侧面竖缝的长度；

（6）与顶面横缝相连的侧面竖缝宽度在盖梁高度方向上的规律；

（7）与顶面横缝相连的侧面竖缝呈连续状还是断续状；

（8）与顶面横缝相连的侧面竖向钢筋直径；

（9）与顶面横缝相连的侧面竖缝处竖向钢筋的保护层厚度是否明显偏小；

（10）与侧面竖缝相连的顶面横缝处的钢筋保护层厚度是否明显偏小；

（11）顶面横缝数量、长度、宽度及其发展历史；

（12）盖梁混凝土总用量、浇筑天气情况及浇筑耗时。

图 4-26　顶面及侧面 L 形裂缝　　　　图 4-27　顶面混凝土可见粗集料

4.4.2　顶面混凝土网裂

> **病害特征**

盖梁顶面的混凝土网裂，有的裂缝长度方向与盖梁顶面钢筋的长度方向平行（图 4-28），有的毫无规律（图 4-29）。

> 调查重点

（1）顶面混凝土的网裂在盖梁长度方向上的分布；

（2）网裂区域裂缝的最大宽度及裂缝的连续性；

（3）缝宽最大的裂缝与盖梁顶面最上层钢筋长度方向的一致性；

（4）网裂区域的混凝土是否平整且无明显凸出的粗集料；

（5）网裂区域是否可见粗集料均匀分布；

（6）网裂区域的位置、面积、缝宽及其发展历史；

（7）盖梁混凝土总用量、浇筑日期及天气情况。

图 4-28　顶面顺钢筋长度方向的网裂

图 4-29　顶面的无规则网裂

4.5 盖梁底面

4.5.1 底面纵缝伴随渗水

> 病害特征

盖梁底面存在纵缝且伴随白色渗出物（图 4-30），裂缝长度方向多与盖梁长度方向一致，局部伴随混凝土剥落（图 4-31）。

> 调查重点

（1）底面纵缝最大缝宽及渗出物颜色；

（2）底面渗水处裂缝呈断续状还是连续状；

(3) 底面渗水处裂缝是否在盖梁纵向钢筋的正下方；

(4) 底面渗水的位置、面积及附近裂缝缝宽及其发展历史；

(5) 于底面渗水裂缝处混凝土取芯以了解裂缝发生的大致龄期。

图 4-30 底面纵缝伴随渗水

图 4-31 底面渗水伴随局部混凝土剥落

4.5.2 底面钢筋锈蚀

病害特征

盖梁底面的钢筋锈蚀，有的存在于底面边缘（图4-32），有的遍布整个底面（图4-33），多伴随顺钢筋长度方向的混凝土剥落。

图 4-32 底面边缘钢筋锈蚀

图 4-33 底面较大范围的钢筋锈蚀

调查重点

(1) 钢筋锈蚀区域的钢筋保护层厚度是否明显偏小，甚至露筋；

(2) 钢筋锈蚀区域是否有桥面积水或雨水流经；

(3) 钢筋锈蚀区域附近有无顺钢筋长度的裂缝；
(4) 钢筋保护层范围内混凝土是否粗集料少而浆体多；
(5) 钢筋锈蚀程度；
(6) 钢筋锈蚀区域的位置、面积及混凝土剥落面积及其发展历史；
(7) 桥梁所在地区冬季气温情况及融雪剂撒布情况。

4.6 台帽侧面

4.6.1 侧面混凝土斜缝

病害特征

台帽侧面的斜缝，多存在于台帽长度方向的端部且伴随白色渗出物（图 4-34）或黄色渗出物（图 4-35）。

图 4-34 侧面混凝土斜缝伴随白色渗出物　　图 4-35 侧面出现斜缝伴随黄色渗出物

调查重点

(1) 台帽侧面斜缝在台帽长度方向上的分布；
(2) 台帽侧面斜缝的大致走向；
(3) 台帽侧面斜缝渗出物的颜色以及是否持续渗出；
(4) 台帽侧面斜缝两侧是否平整；
(5) 台帽侧面斜缝呈断续状还是连续状；
(6) 台帽模板材质、刚度及支撑方式；

(7) 于台帽斜缝处混凝土取芯以了解裂缝深度及开裂的大致龄期；
(8) 台帽侧面斜缝渗出水的来源。

4.6.2 侧面混凝土竖缝

病害特征

台帽侧面的竖缝（图 4-36），大多贯穿台帽侧面的整个高度，有的穿过模板对拉杆预留孔（图 4-37）。

调查重点

(1) 侧面竖缝在台帽长度方向上的分布；
(2) 侧面竖缝宽度在台帽高度方向上的分布；
(3) 侧面竖缝呈连续状还是断续状；
(4) 侧面竖缝表面两侧是否平顺；
(5) 台帽侧面竖向钢筋直径；
(6) 台帽侧面竖缝与竖向钢筋位置的对应关系；
(7) 侧面竖缝处竖向钢筋的保护层厚度是否明显偏小；
(8) 与侧面竖缝相连的顶面和底面有无横缝及裂缝长度；
(9) 台帽模板材质、刚度及支撑方式；
(10) 台帽混凝土总用量、浇筑时的天气及浇筑耗时。

图 4-36　侧面竖缝　　　　　　　　图 4-37　侧面竖缝（模板对拉杆处）

4.6.3 侧面混凝土网裂

病害特征

台帽侧面的网裂，有的是横缝和竖缝组成的（图4-38），有的是毫无规律的网裂（图4-39）。

调查重点

（1）侧面网裂在台帽长度方向上的分布；
（2）侧面网裂处台帽顶面有无类似裂缝；
（3）网裂区域与邻近区域的混凝土回弹强度及碳化深度对比；
（4）侧面网裂的裂缝呈连续状还是断续状；
（5）侧面网裂的最大裂缝宽度；
（6）于侧面网裂处混凝土取芯以了解混凝土匀质性和裂缝发生的大致龄期。

图 4-38 侧面有规律的网裂

图 4-39 侧面无规律的网裂

5 / 墩柱

5.1 墩柱顶部

5.1.1 顶部混凝土环缝

1. A 型

病害特征

横断面为圆形的墩柱顶部存在环缝，有的伴随白色渗出物（图 5-1），有的无明显渗出物（图 5-2）。

调查重点

（1）环缝长度及裂缝最大宽度；

（2）环缝两侧是否有明显的不平整现象；

（3）环缝呈连续状还是断续状；

（4）环缝处箍筋的保护层厚度是否明显偏小；

（5）最低处的环缝上下墩柱表面光滑程度是否有明显的差异；

（6）最低处的环缝上下混凝土的回弹强度及碳化深度对比；

（7）墩柱顶面混凝土是否有明显网裂或不平整现象；

（8）相邻环缝之间的距离是不是环向箍筋间距的整数倍；

（9）墩柱保护层垫块或模板环向拼缝处有无类似环缝；

（10）墩柱混凝土浇筑时的天气及浇筑耗时。

图 5-1 顶部环缝伴随渗水印迹

图 5-2 顶部环缝无明显渗出物

2. B 型

病害特征

带有圆弧倒角的矩形横断面的墩柱顶部环缝，多分布于倒角附近（图5-3），有时伴随短竖缝（图5-4）。

调查重点

(1) 环缝两侧是否存在明显的不平整现象；
(2) 环缝呈连续状还是断续状；
(3) 环缝的最大宽度在墩柱高度方向上的分布；
(4) 最低处的环缝上下墩柱表面的光滑程度是否有明显的差异；
(5) 墩柱顶面混凝土是否有明显网裂或不平整现象；
(6) 相邻环缝之间的距离是不是环向箍筋间距的整数倍；
(7) 环缝处箍筋的保护层厚度是否明显偏小；
(8) 最低处的环缝上下混凝土的回弹强度及碳化深度对比；
(9) 墩柱混凝土浇筑日期、天气情况及浇筑耗时。

图 5-3　顶部环缝　　　　　　　　图 5-4　顶部环缝并伴随短竖缝

5.1.2 顶部混凝土竖缝

病害特征

墩柱顶部的竖缝，在矩形横断面或圆形横断面的墩柱上均有分布，有的是短竖缝以小间距分布（图5-5），有的是少量的长竖缝（图5-6）。

调查重点

（1）竖缝缝宽在墩柱高度方向上的分布；

（2）墩柱顶部混凝土是否不平整；

（3）墩柱顶部竖缝是否有与顶部径向裂缝相连；

（4）竖缝间距是不是墩柱竖向钢筋间距的整数倍；

（5）顶部竖缝是否位于墩柱竖向钢筋的外侧；

（6）墩柱竖向钢筋和箍筋的连接方式；

（7）墩柱竖向裂缝数量、长度、宽度及其发展历史；

（8）墩柱钢筋的垫块形式及布设密度。

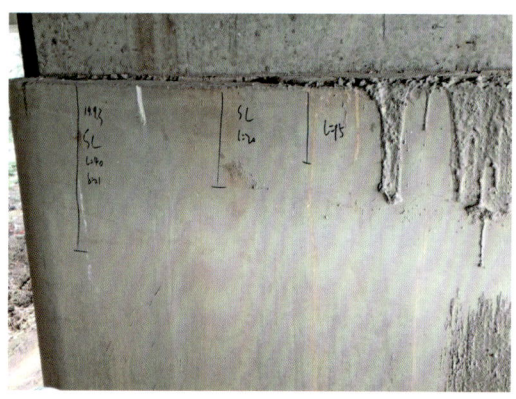

图 5-5　顶部短竖缝

图 5-6　顶部较长竖缝

5.1.3　顶部混凝土网裂

1. A 型

病害特征

墩柱顶部混凝土的网裂，有的是小网格网裂（图 5-7），有的是大网格的网裂（图 5-8）。

调查重点

（1）网裂在墩柱高度方向上的分布；

（2）裂缝宽度在网裂区域高度方向上的分布；

（3）裂缝表面两侧是否平整；

（4）网裂区域与邻近区域的表面光滑程度是否有明显差异；

(5) 网裂区域与邻近区域的混凝土回弹强度及碳化深度对比；

(6) 网裂区域位置、面积、裂缝密度及其发展历史；

(7) 于网裂区域混凝土取芯以了解混凝土匀质性及裂缝发生的大致龄期。

图 5-7　顶部小网格网裂

图 5-8　顶部大网格网裂

2. B 型

病害特征

墩柱顶部附近存在混凝网裂，网裂区域与墩柱顶面之间有一定的距离（图 5-9），有的伴随有竖缝（图 5-10）。

图 5-9　靠近顶部的网裂

图 5-10　靠近顶部的竖缝和网裂

调查重点

(1) 网裂区域在墩柱高度方向上的分布；

(2) 裂缝宽度在网裂区域高度方向上的分布；

(3) 网裂区域的上下边界处是否有水平裂缝；

(4) 网裂区域与邻近区域的混凝土回弹强度及碳化深度对比；

(5) 于网裂区域混凝土取芯以了解混凝土的匀质性及裂缝发生的大致龄期。

5.1.4 顶部混凝土剥落

病害特征

墩柱侧面顶部表层混凝土剥落（图 5-11），有的可见顺钢筋长度方向的裂缝和钢筋锈蚀（图 5-12）。

调查重点

(1) 顶部混凝土剥落区域是否有桥面积水或雨水流经；
(2) 剥落区域与邻近区域的混凝土的回弹强度及碳化深度对比；
(3) 混凝土剥落区域的钢筋保护层厚度是否明显偏小甚至露筋；
(4) 顶面有没有比侧面顶部更加严重的混凝土剥落情况；
(5) 混凝土剥落位置、面积及深度及其发展历史；
(6) 桥梁所在地区的降雨、负温及融雪剂撒布情况。

图 5-11 顶部侧面浆体剥落　　　　图 5-12 顶部侧面浆体剥落伴随钢筋锈蚀

5.1.5 顶部混凝土破损

1. A 型

病害特征

墩柱顶部混凝土局部破损，多伴随局部混凝土脱落（图 5-13）。

调查重点

(1) 混凝土破损在墩顶一周的分布；

(2) 混凝土破损处有没有土工布等软质填充物；

(3) 混凝土破损处的缝隙中有没有浆体流出（图 5-14）；

(4) 混凝土破损处的裂缝两侧是否有明显的不平整现象；

(5) 混凝土破损位置、面积、深度及其发展历史；

(6) 破损处的混凝土是否存在粗集料较少的情况。

图 5-13　顶部混凝土局部破损　　　　图 5-14　顶部混凝土局部破损伴随浆体流出

2. B 型

病害特征

墩柱顶部混凝土出现较大面积的破损，伴随局部混凝土脱落（图 5-15）。

调查重点

(1) 混凝土破损厚度在墩顶一周的分布；

(2) 混凝土破损处有没有土工布等软质填充物（图 5-16）；

(3) 混凝土破损处的缝隙中有没有浆体流出；

(4) 墩柱垂直度或平面位置是否符合设计要求。

图 5-15　顶部混凝土出现大面积破损　　图 5-16　顶部混凝土破损处有土工布填塞

3. C 型

病害特征

墩柱顶部混凝土破损，多伴随混凝土脱落和露筋（图 5-17）。

调查重点

（1）混凝土破损在墩顶一周的分布；
（2）混凝土破损深度是否不超过墩柱竖向钢筋的净保护层厚度；
（3）混凝土破损处的裂缝两侧是否有明显的不平整现象；
（4）混凝土破损处是否有墩柱竖向钢筋外露且影响支座安装或正常活动（图 5-18）。

图 5-17　顶部混凝土破损并伴随露筋　　图 5-18　竖向钢筋影响支座正常活动

5.2 墩柱底部

5.2.1 混凝土竖缝

病害特征

墩柱底部混凝土的竖缝，有的存在于常年接触水体的墩柱底部（图 5-19），有的存在于不常年接触水体的墩柱底部（图 5-20），对于矩形横断面的墩柱，此类竖缝多存在于倒角附近（图 5-19）。

调查重点

（1）竖缝与墩柱竖向钢筋位置的对应性；

（2）竖缝最大宽度及其在墩柱高度方向上的分布；

（3）竖缝两侧是否平顺；

（4）用小铁锤敲击竖缝两侧混凝土以查看是否有明显的回声差异；

（5）竖缝附近钢筋保护层厚度是否明显偏小；

（6）敲掉表层空鼓的混凝土，查看钢筋锈蚀情况和混凝土匀质性及粗集料的完好性；

（7）墩柱底部竖缝数量、长度、宽度及其发展历史；

（8）墩柱的服役环境，如有无过火，有无盐渍土，有无海水等。

图 5-19 常年接触水体的墩柱底部混凝土竖缝

图 5-20 不常年接触水体的墩柱底部混凝土竖缝

5.2.2 混凝土环缝/横缝

1. A型

病害特征

墩柱底部混凝土环缝，有的是等间距的多条环缝（图 5-21），有的是独立的一条环缝（图 5-22），环缝长度一般不超过墩柱周长的一半。

调查重点

（1）环缝在墩柱一周上的分布；
（2）环缝在墩柱高度方向上的分布；
（3）裂缝宽度在环缝长度方向上的分布；
（4）环缝周边有没有短竖缝；
（5）环缝呈连续状还是断续状；
（6）环缝区域钢筋保护层厚度是否明显偏小；
（7）环缝数量、长度、宽度的发展历史；
（8）与环缝区域对称的另一面钢筋保护层厚度是否明显偏大。

图 5-21 底部等间距环缝　　　图 5-22 底部独立的一条环缝

2. B型

病害特征

连续刚构桥的共用墩柱（图 5-23），底部有多条近乎平行的横缝（图 5-24），相邻横缝的间距非常小（图 5-25），裂缝间的混凝土已经碎裂（图 5-26）。

调查重点

(1) 横缝在墩柱底部一周的分布；
(2) 横缝在墩柱高度方向上的分布；
(3) 横缝宽度在墩柱高度方向上的分布；
(4) 横缝与墩柱箍筋位置的对应性；
(5) 相邻梁端之间的缝隙有无混凝土等硬物填满；
(6) 桥梁伸缩缝选型及安装预留伸缩量是否明显偏小；
(7) 横缝数量、长度、宽度及其发展历史；
(8) 于横缝处混凝土取芯以查看裂缝深度及裂缝发生的大致龄期。

图 5-23 底部横缝处于连续刚构的共用墩

图 5-24 底部多条横缝

图 5-25 底部横缝间距非常小

图 5-26 底部横缝处混凝土碎裂

5.2.3 混凝土脱落

病害特征

墩柱底部混凝土较大面积的脱落，有的明显被火烧过（图 5-27），有的外露混凝土可见粗集料大部分断裂（图 5-28）。

调查重点

(1) 混凝土脱落区域有无过火痕迹；
(2) 混凝土脱落区域的周边有无明显的网裂；
(3) 用小铁锤敲击混凝土脱落区域及周边以查看是否有空鼓回声；
(4) 混凝土脱落位置、面积及其发展历史；
(5) 混凝土脱离区域的钢筋保护层厚度有无明显偏小。

 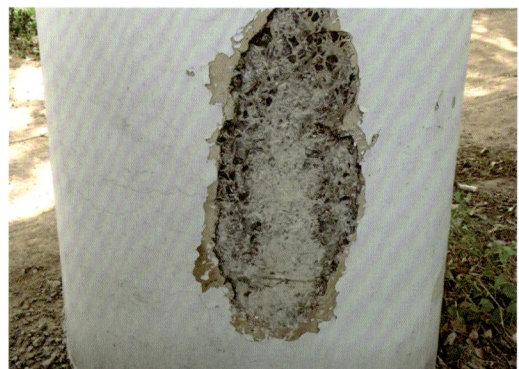

图 5-27　底部混凝土脱落（有过火痕迹）　　图 5-28　底部较大面积的混凝土脱落（粗集料断开）

5.2.4 混凝土浆体剥落

1. A 型

病害特征

墩柱底部混凝土的浆体剥落，地面线以上 50cm 范围内可见粗集料裸露（图 5-29），处于盐渍土环境下的墩柱尤其严重（图 5-30）。

调查重点

(1) 存在底部混凝土浆体剥落的墩柱在全桥中的占比和分布；

(2) 底部混凝土浆体剥落在墩柱高度方向上的分布；
(3) 底部混凝土浆体剥落严重程度在墩柱一周上的差异；
(4) 浆体剥落墩柱与无剥落墩柱的混凝土回弹强度及碳化深度对比；
(5) 墩柱底部土体中的离子浓度，尤其是硫酸根离子、镁离子、氯离子等；
(6) 浆体剥落的位置、面积、深度及其发展历史；
(7) 桥梁所在地区冬季降水量和负温情况。

图 5-29　混凝土浆体剥落

图 5-30　墩柱底部混凝土浆体剥落

2. B 型

病害特征

墩柱底部混凝土浆体剥落，甚至粗集料裸露，剥落区域高于土体顶面（图 5-31）和水体顶面（图 5-32）。

图 5-31　混凝土浆体剥落（高于土体顶面）

图 5-32　混凝土浆体剥落（高于水体顶面）

调查重点

(1) 底部混凝土浆体剥落区域在墩柱高度方向上的分布；

(2) 浆体剥落墩柱与无剥落墩柱的混凝土回弹强度及碳化深度对比；

(3) 墩柱底部周围土体或水体中的离子浓度，尤其是硫酸根离子、镁离子、氯离子等；

(4) 墩柱周边地面线或水位线在桥梁服役期间有无明显变化；

(5) 浆体剥落的位置、面积、深度及其发展历史；

(6) 桥梁所在地区冬季的气温情况。

3. C 型

病害特征

墩柱底部水位线以上某一高度范围内的混凝土浆体剥落，甚至粗集料裸露，河道中的墩柱（图 5-33）和海边滩涂的墩柱（图 5-34）均有可能存在此类问题。

调查重点

(1) 浆体剥落的墩柱在全桥墩柱中的占比和分布；

(2) 浆体剥落严重程度和高度范围在墩柱一周方向上的差异；

(3) 墩柱混凝土的耐久性设计指标与服役环境的匹配性；

(4) 有浆体剥落与无浆体剥落的墩柱混凝土的回弹强度及碳化深度对比。

图 5-33　混凝土浆体剥落（淡水水面附近）　　图 5-34　混凝土浆体剥落（海水水面附近）

5.2.5 混凝土剥落

1. A 型

病害特征

墩柱底部混凝土剥落多伴随严重的钢筋锈蚀（图 5-35），多存在于矩形墩柱的拐角处（图 5-36）。

调查重点

（1）混凝土剥落处钢筋保护层厚度是否明显偏小甚至露筋；
（2）混凝土剥落露筋范围与高低潮水位的对应关系；
（3）混凝土剥落处周边是否存在顺钢筋长度方向的裂缝；
（4）混凝土剥落处是否存在蜂窝等不密实情况；
（5）墩柱混凝土的耐久性设计指标与服役环境的匹配性；
（6）墩柱混凝土用的粗集料岩性及吸水率；
（7）混凝土剥落位置、面积、钢筋锈蚀程度及其发展历史；
（8）桥梁所在地区的冬季气温情况；
（9）用小铁锤敲击混凝土剥落及周边区域以查看是否有空鼓回声。

图 5-35　混凝土剥落伴随钢筋锈蚀

图 5-36　拐角处混凝土剥落伴随钢筋锈蚀

2. B 型

病害特征

海水中的墩柱底部混凝土剥落（图 5-37），有的断面尺寸明显变小（图 5-38）。

调查重点

(1) 混凝土剥落的高度范围与高低潮水位的对应关系；
(2) 混凝土剥落区域是否存在蜂窝等不密实情况；
(3) 混凝土剥落区域是否存在富浆且少粗集料的情况；
(4) 墩柱混凝土的耐久性设计指标与服役环境的匹配性；
(5) 混凝土剥落位置、面积、深度及其发展历史；
(6) 桥梁所在地区的冬季气温情况；
(7) 墩柱混凝土浇筑完成后 7 天内的气温情况。

图 5-37 海水中墩柱局部混凝土剥落　　图 5-38 海水中墩柱底部明显缩径

5.2.6 混凝土蜂窝

病害特征

河道中的墩柱距底部某一高度范围内的混凝土存在较为明显的蜂窝，蜂窝处有的粗集料清晰可见（图 5-39），有的不可见（图 5-40）。

调查重点

(1) 混凝土蜂窝区域在墩柱高度方向上的分布；
(2) 混凝土蜂窝区域在墩柱一周方向上的分布；
(3) 存在蜂窝的墩柱在全桥墩柱中的占比和分布；
(4) 蜂窝处混凝土粗集料是否明显可见；
(5) 蜂窝区域是否遭受干湿循环和冻融循环作用；
(6) 在粗集料可见的蜂窝区域，粗集料撬下来的难易程度；
(7) 在粗集料不可见的蜂窝区域，浆体撬下来的难易程度；

（8）于蜂窝区域混凝土取芯以确定混凝土不密实的大致深度；

（9）墩柱浇筑完成后前 7 天的天气情况；

（10）混凝土浇筑期间的河道水位高度及墩柱模板和围堰形式；

（11）桥梁所在河道的冬季水位和气温情况。

图 5-39　混凝土蜂窝（可见粗集料）　　图 5-40　混凝土蜂窝（未见粗集料）

5.2.7　钢筋锈蚀

1. A 型

病害特征

墩柱底部钢筋锈蚀，并可见顺钢筋长度方向的混凝土剥落，有的墩柱常年接触水体（图 5-41），而有的却不常年接触水体（图 5-42）。

调查重点

（1）钢筋锈蚀区域是混凝土剥落还是浆体剥落；

（2）钢筋锈蚀区域钢筋保护层厚度是否明显偏小；

（3）与钢筋锈蚀区域对称的区域，钢筋保护层厚度是否明显偏大；

（4）钢筋锈蚀区域附近有无顺钢筋长度方向的混凝土裂缝；

（5）钢筋锈蚀区域及临近区域的混凝土回弹强度及碳化深度对比；

（6）钢筋锈蚀位置、范围、程度及其发展历史；

（7）桥梁所在地区的降雨量及冬季气温情况。

图 5-41　钢筋锈蚀（常年接触水体）　　图 5-42　钢筋锈蚀（不常年接触水体）

2. B 型

病害特征

墩柱底部的钢筋锈蚀，混凝土表面多见黄色或红色的钢筋锈蚀产物渗出，有的伴随混凝土开裂（图 5-43），有的伴随混凝土蜂窝（图 5-44）。

调查重点

（1）钢筋锈蚀区域有无顺钢筋长度方向的混凝土裂缝；
（2）钢筋锈蚀区域混凝土有无空洞或蜂窝等不密实情况；
（3）用小铁锤敲击钢筋锈蚀区域，查看是否有空鼓回声；
（4）钢筋锈蚀区域与邻近区域混凝土的回弹强度及碳化深度对比；
（5）钢筋锈蚀位置、范围、程度及其发展历史；
（6）钢筋锈蚀区域的钢筋保护层厚度是否明显偏小。

图 5-43　钢筋锈蚀伴随混凝土开裂　　图 5-44　混凝土蜂窝处钢筋锈蚀

5.3 墩柱其他部位

5.3.1 混凝土竖缝

1. A 型

病害特征

横断面为矩形的墩柱，某一高度范围内混凝土存在多条近乎平行的竖缝，有的竖缝长度长达数米；有的墩柱表面粗糙（图 5-45），有的表面光滑（图 5-46）。

调查重点

(1) 竖缝在墩柱高度和四周上的分布；
(2) 竖缝位置与墩柱竖向钢筋位置的对应性；
(3) 墩柱竖缝呈连续状还是断续状；
(4) 相邻竖缝之间的距离与墩柱竖向钢筋间距的关系；
(5) 竖缝处钢筋保护层厚度是否明显偏小；
(6) 竖缝密集区域混凝土有无短横缝；
(7) 竖缝较多的墩柱表面是否明显更光滑一些；
(8) 墩柱竖缝数量、长度、宽度及其发展历史；
(9) 墩柱混凝土配合比、浇筑完成后前 7 天的天气情况；
(10) 竖缝处混凝土取芯以查看混凝土匀质性及开裂的大致龄期。

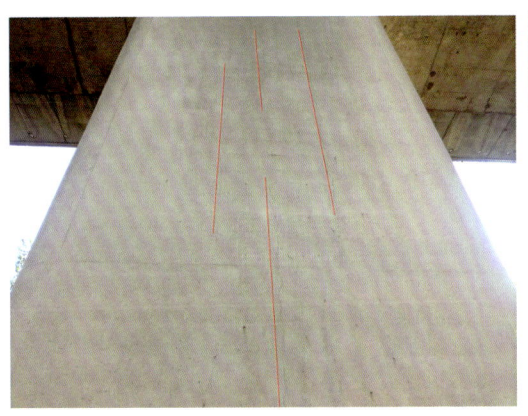
图 5-45 竖缝伴随短横缝（表面粗糙）

图 5-46 竖缝伴随短横缝（表面光滑）

2. B 型

病害特征

横断面为圆形的墩柱混凝土存在竖缝，有的比较长，一般是多条竖缝平行分布（图 5-47），有的可见箍筋外露（图 5-48）。

调查重点

（1）竖缝在墩柱高度和侧面上的分布；
（2）竖缝位置与墩柱竖向钢筋位置的对应性；
（3）墩柱竖缝呈连续状还是断续状；
（4）相邻竖缝之间的距离与墩柱竖向钢筋间距的关系；
（5）竖缝处钢筋保护层厚度是否明显偏小；
（6）竖缝密集区域混凝土有无短横缝；
（7）竖缝较多的墩柱表面是否明显更光滑一些；
（8）墩柱竖缝数量、长度、宽度及其发展历史；
（9）墩柱混凝土配合比、浇筑完成后前 7 天的天气情况；
（10）于竖缝处取芯以查看混凝土匀质性及开裂的大致龄期。

图 5-47　多条平行的竖缝

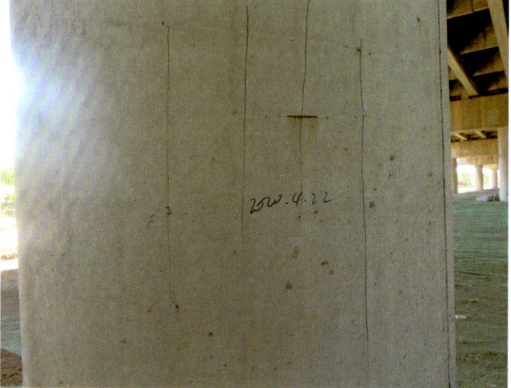
图 5-48　竖缝伴随箍筋外露

3. C 型

病害特征

横断面为圆形的墩柱混凝土竖缝，多存在于模板拼缝附近（图 5-49），裂缝两侧可见明显的不平整现象（图 5-50）。

调查重点

(1) 墩柱竖缝呈连续状还是断续状；

(2) 墩柱竖缝两侧是否有明显的不平顺；

(3) 竖缝宽度在墩柱高度方向上有无规律；

(4) 墩柱竖缝数量、长度、宽度及其发展历史；

(5) 墩柱混凝土配合比及浇筑时的天气；

(6) 于竖缝处混凝土取芯以查看裂缝向墩柱内部发展的走向和混凝土开裂的大致龄期。

图 5-49 模板拼缝处竖缝

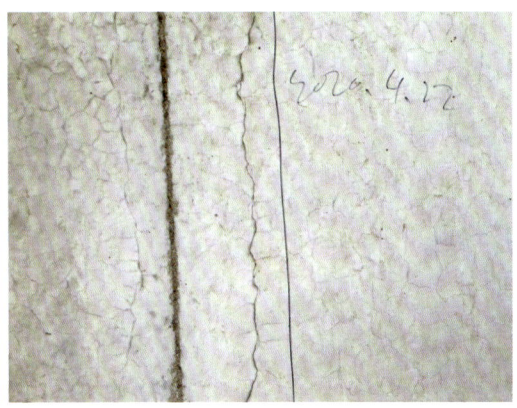
图 5-50 模板拼缝处竖缝（两侧明显不平整）

5.3.2 混凝土斜缝

病害特征

横断面为圆形的墩柱混凝土斜缝，多条近乎平行且多存在于墩顶附近（图 5-51），有的斜缝长度超过墩柱的半圆周长，墩顶之上的箱梁和横隔板混凝土也有斜缝（图 5-52）。

调查重点

(1) 斜缝在墩柱高度方向上的分布；

(2) 斜缝在墩柱一周方向上的分布；

(3) 斜缝两侧混凝土有无明显的不平整现象；

(4) 墩柱正上方的防撞护栏有无明显的局部凸出现象；

(5) 盖梁、箱梁、横隔板等构件上的混凝土有无明显的受力裂缝；

(6) 墩柱斜缝数量、长度、宽度及其发展历史；

(7) 于墩柱斜缝处混凝土取芯以了解裂缝发生的大致龄期；

(8) 墩柱底部、中系梁及桩头混凝土有无受力裂缝。

图 5-51　混凝土斜缝

图 5-52　箱梁及横隔板混凝土开裂

5.3.3 混凝土网裂

病害特征

墩柱混凝土的网裂在横断面为矩形（图 5-53）或椭圆形（图 5-54）的墩柱均有分布，多存在于分节段浇筑的个别节段上，远离横断面几何中心的部位尤为严重。

图 5-53　矩形墩柱混凝土小网格网裂

图 5-54　椭圆形墩柱混凝土小网格网裂

调查重点

（1）网裂在整个墩柱高度方向上的分布；

(2) 某一节段上网裂在墩柱一周方向上的分布；

(3) 网裂区域表面是否光滑且无大气泡；

(4) 网裂区域混凝土的颜色呈浅白色还是深灰色；

(5) 于网裂处混凝土取芯以了解混凝土的匀质性和开裂的大致龄期；

(6) 网裂位置、面积、深度及其发展历史；

(7) 混凝土配合比、模板面板材质、浇筑完成后前 5 天的气温。

5.3.4 混凝土蜂窝

1. A 型

病害特征

墩柱局部蜂窝的位置及面积没有明显的规律性，蜂窝多存在于浇筑分界面以上，有的是墩柱一周都有蜂窝（图 5-55），有的只是局部存在蜂窝（图 5-56）。

调查重点

(1) 蜂窝在墩柱高度方向上的分布；

(2) 蜂窝在墩柱一周方向上的分布；

(3) 蜂窝区域的底部是不是墩柱混凝土分层浇筑的界面；

(4) 于蜂窝区域混凝土取芯以了解蜂窝深度；

(5) 蜂窝区域表面的浆体是不是拆模后刮涂的；

(6) 蜂窝区域及临近区域的钢筋锈蚀程度对比。

图 5-55　混凝土较大范围蜂窝（浆体较少）　　图 5-56　混凝土局部蜂窝

2. B型

病害特征

墩柱局部存在较大面积的蜂窝,有的蜂窝区域呈竖高状(图5-57),有的呈扁平状(图2-58),多伴随明显的钢筋锈蚀。

调查重点

(1) 蜂窝在墩柱高度方向上的分布;
(2) 蜂窝在墩柱一周方向上的分布;
(3) 蜂窝区域的底部是不是混凝土分层浇筑的界面;
(4) 蜂窝区域脱落的浆体是不是墩柱拆模后刮涂的;
(5) 蜂窝区域及临近区域有无顺钢筋长度方向的混凝土裂缝;
(6) 于蜂窝区域混凝土取芯以了解蜂窝的深度;
(7) 蜂窝区域的钢筋锈蚀程度。

图 5-57 墩柱竖高状蜂窝并伴随钢筋锈蚀　　图 5-58 墩柱扁平状蜂窝并伴随钢筋锈蚀

5.3.5 混凝土浆体剥落

1. A型

病害特征

墩柱混凝土浆体剥落,有的剥落面积大(图5-59),有的沿着水流经的区域剥落(图5-60),局部可见钢筋锈蚀。

调查重点

(1) 浆体剥落区域在墩柱高度方向上的分布；
(2) 浆体剥落区域在墩柱一周方向上的分布；
(3) 存在浆体剥落的墩柱在全桥墩柱中的占比及分布；
(4) 同一墩柱上有无明显浆体剥落区域的混凝土回弹强度及碳化深度对比；
(5) 浆体剥落严重区域的钢筋保护层厚度是否明显偏小；
(6) 浆体剥落的位置、面积、深度及其发展历史；
(7) 于浆体剥落区域混凝土取芯以了解内部混凝土质量；
(8) 浆体剥落区域是否有桥面积水或雨水流经；
(9) 桥梁所在地区的冬季降水量及融雪剂撒布情况。

图 5-59　混凝土大面积剥落　　　　　图 5-60　混凝土小范围浆体剥落

2. B 型

病害特征

墩柱混凝土粗集料表面的浆体剥落，有的是较大范围的浆体剥落（图 5-61），有的只有小范围剥落（图 5-62）。

调查重点

(1) 浆体剥落区域在墩柱高度方向上的分布；
(2) 浆体剥落区域在墩柱一周方向上的分布；
(3) 存在浆体剥落的墩柱在全桥墩柱中的占比及分布；
(4) 浆体剥落区域是否有桥面积水流经；
(5) 与粗集料表面脱粘的浆体是否已经丧失强度；

(6) 混凝土粗集料的岩性及其吸水率；

(7) 同一墩柱上有无明显浆体剥落区域混凝土的回弹强度及碳化深度对比；

(8) 桥梁所在地区的冬季降水量及融雪剂撒布情况。

图 5-61　粗集料表面浆体大面积剥落　　　图 5-62　粗集料表面浆体小范围剥落

3. C 型

病害特征

墩柱表面较大面积的浆体剥落，有的位于墩柱变截面区段（图 5-63），有的位于墩柱等截面区域（图 5-64），且都存在于桥面积水流经的区域。

图 5-63　墩柱变截面区段混凝土剥落　　　图 5-64　墩柱等截面区段混凝土剥落

调查重点

(1) 浆体剥落区域是否有桥面积水流经；

(2) 存在浆体剥落的墩柱在全桥墩柱中的占比及分布；

(3) 浆体剥落位置、面积、深度及其发展历史；

(4) 同一墩柱上有无明显浆体剥落区域混凝土的回弹强度及碳化深度对比；
(5) 桥梁所在地区的冬季降水量及融雪剂撒布情况。

5.3.6 混凝土局部浆体缺失

病害特征

墩柱混凝土出现零星的浆体脱落，有的可见局部混凝土胀裂（图 5-65），浆体脱落处可见粗集料表面有白色粉末（图 5-66）或黑色粉末（图 5-67）。

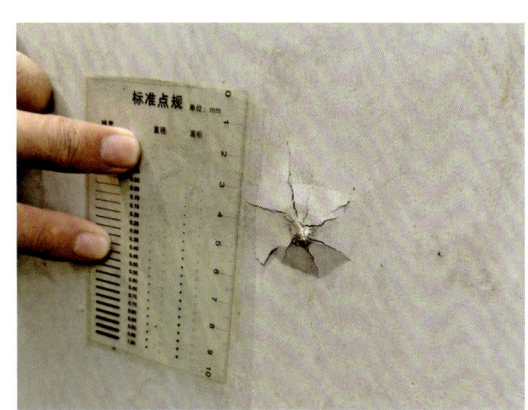

图 5-65　混凝土局部胀裂

调查重点

(1) 浆体脱落在墩柱上的分布；
(2) 墩柱上是否存在浆体明显翘起但尚未脱落的情况；
(3) 存在此类问题的墩柱在全桥墩柱中的占比和分布规；
(4) 浆体脱落区域最深处的粗集料表面有没有粉末状物质；
(5) 浆体脱落最深处粗集料的颜色；
(6) 浆体脱落位置、面积、深度及其发展历史；
(7) 收集浆体脱落区域最深处的粗集料，测试有无遇水明显膨胀的物质。

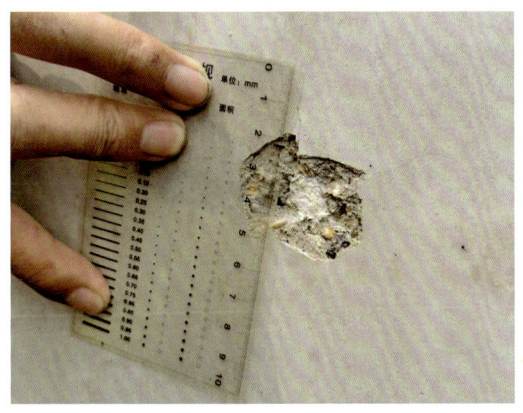

图 5-66　混凝土胀裂处可见白色粉末

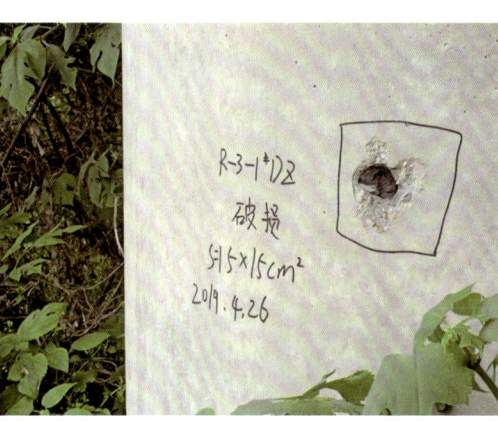

图 5-67　混凝土胀裂处可见黑色粉末

5.3.7 钢筋锈蚀

1. A 型

病害特征

墩柱较大范围的钢筋锈蚀（图 5-68），有时伴随大面积的混凝土剥落（图 5-69）。

调查重点

（1）钢筋锈蚀在墩柱高度方向上的分布；
（2）钢筋锈蚀在墩柱一周方向上的分布；
（3）钢筋锈蚀区域钢筋保护层厚度是否明显偏小甚至露筋；
（4）钢筋锈蚀区域是否有桥面积水流经；
（5）同一墩柱钢筋锈蚀区域与临近区域混凝土的回弹强度及碳化深度对比；
（6）钢筋锈蚀位置、面积及锈蚀程度的发展历史；
（7）桥梁所在地区的冬季降水量和融雪剂撒布情况。

图 5-68　大面积钢筋锈蚀　　　　图 5-69　大面积钢筋锈蚀伴随混凝土剥落

2. B 型

病害特征

墩柱局部的钢筋锈蚀，多伴随保护层混凝土顺钢筋长度方向的线状剥落，多存在于墩柱变截面区段（图 5-70），等截面区段也有发生（图 5-71）。

调查重点

（1）钢筋锈蚀区域在墩柱高度方向上的分布；

(2) 钢筋锈蚀区域钢筋保护层厚度是否明显偏小甚至露筋；

(3) 钢筋锈蚀区域是否有桥面积水流经；

(4) 钢筋锈蚀区域混凝土剥落的深度；

(5) 混凝土剥落区域粗集料的完整性；

(6) 钢筋锈蚀位置、面积及锈蚀程度的发展历史；

(7) 桥梁所在地区冬季降水量及融雪剂撒布情况。

图 5-70　墩柱变截面区段钢筋锈蚀

图 5-71　墩柱等截面区段钢筋锈蚀

5.4 墩柱外包混凝土

5.4.1 外包混凝土竖缝

1. A 型

病害特征

墩柱外包混凝土的竖缝，有的与墩柱混凝土竖缝对应（图 5-72），有的不总是对应（图 5-73）。

调查重点

(1) 外包混凝土有没有其他方向的裂缝；

(2) 外包混凝土竖缝与墩柱混凝土竖缝的位置是否对应；

(3) 外包混凝土竖缝宽度在墩柱高度方向上的分布；

(4) 外包混凝土竖缝与竖向钢筋位置是否对应;

(5) 外包混凝土竖缝有无明显渗出物;

(6) 外包混凝土的配合比及浇筑时的天气情况;

(7) 外包混凝土与墩柱混凝土的回弹强度及碳化深度对比。

图 5-72　外包混凝土竖缝（与墩柱竖缝对应出现）　　图 5-73　外包混凝土竖缝（与墩柱竖缝不总是对应）

2. B 型

病害特征

墩柱外包侧面混凝土出现竖缝（图 5-74），有的顶部伴随环缝（图 5-75），原墩柱混凝土未见明显裂缝。

图 5-74　外包混凝土竖缝　　图 5-75　外包混凝土竖缝伴随顶部环缝

调查重点

(1) 混凝土竖缝宽度在墩柱高度方向上的分布;

(2) 外包混凝土有没有其他方向的裂缝；
(3) 外包混凝土竖缝与竖向钢筋位置是否对应；
(4) 外包混凝土竖缝有无明显渗出物；
(5) 外包混凝土竖缝数量、长度、宽度及其发展历史；
(6) 外包混凝土有没有使用机制砂及机制砂的母岩岩性；
(7) 外包混凝土的配合比、浇筑方式、浇筑时的天气及养生方式。

5.4.2 外包混凝土网裂

病害特征

墩柱外包混凝土的大网格网裂（图 5-76），有时伴有白色渗出物（图 5-77）。

调查重点

(1) 外包混凝土存在网裂的墩柱在全桥墩柱中的占比及分布；
(2) 外包混凝土裂缝宽度在墩柱高度方向上的分布；
(3) 外包混凝土网裂区域有无渗出物；
(4) 外包混凝土网裂面积、深度及其发展历史；
(5) 于网裂区域混凝土取芯以查看裂缝深度及混凝土的匀质性；
(6) 外包混凝土的配合比、浇筑时的天气及养生方式。

图 5-76　外包混凝土大网格网裂　　　图 5-77　外包混凝土网裂并伴随白色渗出物

6 承台

6.1 承台顶面

6.1.1 顶面混凝土剥落

病害特征

承台顶面混凝土的浆体剥落，有的未见粗集料（图6-1），有的甚至露筋（图6-2）。

调查重点

（1）浆体剥落区域在承台顶面的分布；
（2）于浆体剥落区域混凝土取芯以了解混凝土的匀质性及浮浆厚度；
（3）浆体剥落区域、面积、深度及其发展历史；
（4）承台顶面混凝土遭受干湿循环的情况；
（5）承台顶面混凝土遭受冻融循环的情况。

图6-1 顶面混凝土剥落（未见粗集料）　　图6-2 顶面混凝土剥落（钢筋裸露）

6.2 承台侧面

6.2.1 竖向通长裂缝

病害特征

承台侧面的较长混凝土竖缝，多贯穿整个承台高度，无论是陆上（图6-3）还是水上（图6-4），这类裂缝都较为常见。

调查重点

(1) 竖缝在承台侧面上的分布；

(2) 竖缝宽度在承台高度方向上有无规律；

(3) 承台顶面有没有与侧面竖缝相连的裂缝；

(4) 侧面竖缝呈连续状还是断续状；

(5) 于侧面竖缝处取芯以了解混凝土裂缝深度及混凝土开裂的大致龄期；

(6) 混凝土配合比、模板面板材质、浇筑完成后 7 天内的天气情况及养生方式。

图 6-3　侧面通长竖缝（陆上）　　　　图 6-4　侧面通长竖缝（水上）

6.2.2 侧面混凝土剥落

病害特征

海上承台侧面混凝土的剥落区域有的呈带状（图 6-5），有的毫无规则，剥落深度甚至超过钢筋保护层厚度（图 6-6）。

图 6-5　侧面带状混凝土剥落　　　　图 6-6　侧面混凝土剥落伴随露筋

调查重点

（1）混凝土剥落区域在承台高度方向上的分布；
（2）混凝土剥落区域在承台四周方向上的分布；
（3）混凝土剥落深度及剥落最深处有无粗集料；
（4）于混凝土剥落处取芯以了解混凝土的匀质性；
（5）存在侧面混凝土剥落的承台在全部承台中的占比及分布；
（6）承台施工围堰形式及挡板高度与海水浪溅高度的匹配性；
（7）承台模板与围堰之间的降水方式及其有效性。

7 桩基

7.1 桩基顶部

7.1.1 混凝土剥落露筋

病害特征

桩基混凝土的剥落露筋，一般存在于桩基顶部，有的桩基侧面混凝土大面积剥落（图7-1），有的呈竖向带状剥落（图7-2）。

调查重点

（1）混凝土剥落露筋在桩基高度上方向的分布；
（2）混凝土剥落深度在桩基顶部的分布；
（3）混凝土剥落的最深处是否可见粗集料；
（4）混凝土剥落的整个区域是否可见粗集料；
（5）桩基钢筋锈蚀程度；
（6）用小铁锤敲击混凝土剥落区域及邻近区域，以对比混凝土匀质性和致密性；
（7）混凝土剥落的位置、面积、深度及其发展历史；
（8）桩基顶部混凝土遭受干湿循环和冻融循环的情况。

图 7-1 顶部较大面积的混凝土剥落露筋　　图 7-2 顶部竖向带状的混凝土剥落露筋

7.1.2 局部不顺直

病害特征

桩基不顺直，断面尺寸不规则（图7-3），有些桩基范围内夹杂黏土（图7-4），主要发生在桩基和墩柱的结合部位。

调查重点

(1) 不顺直区域在桩基高度方向上的分布；
(2) 不顺直范围的高度与桩基顶部钢护筒高度的对应性；
(3) 不顺直范围与地系梁位置的对应性；
(4) 不顺直范围的桩基横断面积减少的比例；
(5) 桩基正上方的墩柱及盖梁有无斜缝。

图 7-3　局部不顺直

图 7-4　不顺直区域夹杂黏土

7.1.3　钢筋弯屈

病害特征

桩基钢筋弯曲，多存在于桩基与地系梁（图 7-5）、桩基与墩柱的结合部及其以下区域，钢筋弯曲部位多夹杂黏土（图 7-6）。

调查重点

(1) 钢筋弯曲在桩基一周方向上的分布；
(2) 钢筋弯曲高度在桩基一周方向上的差异；
(3) 钢筋弯曲周边的桩基范围内有无非混凝土的杂物；
(4) 用小铁锤敲击钢筋明显弯曲附近的混凝土以查看其致密性；
(5) 钢筋明显弯曲的桩基平面位置与设计位置的符合性；
(6) 存在钢筋明显弯曲的桩基之上的墩柱及盖梁有无斜向裂缝及其发展历史。

图 7-5 顶部局部钢筋明显弯曲

图 7-6 顶部钢筋弯曲部位夹杂黏土

7.1.4 钢筋锈蚀

病害特征

桩基钢筋锈蚀，有的伴随竖向带状混凝土脱落（图 7-7），有的伴随环向带状混凝土脱落（图 7-8）。

图 7-7 顶部钢筋锈蚀伴随竖向带状混凝土脱落

图 7-8 桩基顶部钢筋锈蚀伴随环向带状混凝土脱落

调查重点

（1）钢筋锈蚀在桩基高度方向上的分布；

（2）钢筋锈蚀在桩基一周方向上的分布；

（3）钢筋锈蚀区域的混凝土有无蜂窝等不密实情况；

（4）钢筋锈蚀区域的混凝土有无富浆而少粗集料的情况；

（5）钢筋锈蚀区域的混凝土有无夹杂黏土等其他杂物；

（6）钢筋锈蚀区域混凝土遭受干湿循环的情况；

(7) 钢筋锈蚀区域混凝土遭受冻融循环的情况。

7.1.5 顶部缩径

病害特征

桩基顶部断面尺寸偏差大，与承台接合部位平面尺寸最大，向下一定距离明显有缩径现象（图 7-9），有时还伴随混凝土开裂（图 7-10）。

调查重点

(1) 顶部明显缩径的桩基在全桥桩基中的占比及分布；
(2) 与承台结合部位的桩基混凝土表面有无钢护筒印迹；
(3) 缩径现象在桩基高度上的分布；
(4) 桩基顶部混凝土中有无黏土等其他杂物；
(5) 桩基顶部横断面形状与水流方向的关系；
(6) 用小铁锤敲击缩径区域以了解混凝土的匀质性及致密性；
(7) 桩基顶部缩径区域遭受冻融循环的情况；
(8) 桥梁所在河道的水位变化、河水泥沙含量及流速；
(9) 桥梁所在河道有无冰凌及有无人工破冰凌行为。

图 7-9　顶部附近缩径明显　　　　　图 7-10　顶部混凝土缩径伴随混凝土开裂

7.1.6 顶部冲蚀

病害特征

桩基顶部冲蚀严重，混凝土存在明显凹凸不平的情况（图 7-11），甚至钢筋外露

（图 7-12）。

调查重点

(1) 混凝土冲蚀区域在桩基高度方向上的分布；
(2) 混凝土冲蚀区域在桩基一周方向上的分布；
(3) 冲蚀严重区域的混凝土是否富浆而少粗集料；
(4) 桩基外露钢筋有无明显弯曲现象；
(5) 冲蚀严重区域桩基剩余有效横截面积；
(6) 用小铁锤敲击冲蚀区域以了解混凝土的匀质性和致密性；
(7) 桩基顶部遭受冻融循环的情况；
(8) 桥梁所在河道的水位变化、河水泥沙含量及流速；
(9) 桥梁所在河道有无冰凌以及有无人工破冰凌行为。

图 7-11 顶部混凝土冲蚀

图 7-12 顶部混凝土冲蚀伴随露筋

7.2 桩基其他部位

7.2.1 局部夹泥

病害特征

桩基顶部局部夹泥（图 7-13）或者桩基中部局部夹泥（图 7-14），导致桩基完整性变差，甚至断桩。

> 调查重点

(1) 桩基之上的系梁、墩柱及盖梁有没有因桩基承载能力不足引起的裂缝；
(2) 夹泥区域在桩基高度上的分布；
(3) 夹泥区域桩基剩余有效横截面积；
(4) 存在夹泥现象的桩基在全桥桩基中的占比及分布；
(5) 夹泥区域桩基钢筋有无明显的弯曲；
(6) 同一根桩基，夹泥区域与无夹泥区域的地质条件有无明显差异；
(7) 桩基成孔工艺及泥浆质量；
(8) 桩基混凝土配合比及浇筑耗时。

图 7-13　顶部局部夹泥　　　　图 7-14　中部局部夹泥